Special Thanks to

세상이 아무리 바쁘게 돌아가더라도
책까지 아무렇게나 빨리 만들 수는 없습니다.

길벗은 독자 여러분이
가장 쉽게, 가장 빨리 배울 수 있는 책을
한 권 한 권 정성을 다해 만들겠습니다.

독자의 1초를 아껴주는 정성을
만나보세요.

홈페이지의 '독자광장'에서 책을 함께 만들 수 있습니다.

㈜ 도서출판 길벗 www.gilbut.co.kr
길벗이지톡 www.gilbut.co.kr
길벗스쿨 www.gilbutschool.co.kr

KB078106

인스타그램과 페이스북으로
누구나 쉽게 시작하는 —

SNS

웹툰 무작정 따라하기

난희(표지희) 지음

길벗

인스타그램과 페이스북으로
누구나 쉽게 시작하는

SNS 웹툰 무작정 따라하기

초판 발행 | 2020년 4월 1일

지은이 | 난희(표지희)
발행인 | 이종원
발행처 | (주)도서출판 길벗
출판사 등록일 | 2020년 4월 1일
주소 | 서울시 마포구 월드컵로 10길 56(서교동)
대표 전화 | 02)332-0931 | **팩스** | 02)323-0586
홈페이지 | www.gilbut.co.kr | **이메일** | gilbut@gilbut.co.kr

기획 및 책임 편집 · 안윤주(anyj@gilbut.co.kr)
표지 디자인 · 최주연 | **내지 디자인** · 최주연
제작 · 이준호, 손일순, 이진혁 | **영업마케팅** · 임태호, 전선하 | **웹마케팅** · 차명환, 지하영
영업관리 · 김명자 | **독자지원** · 송혜란, 홍혜진

편집진행 · 방세근 | **전산 편집** · 이기숙 | **CTP 출력 및 인쇄** · 두경 M&P | **제본** · 경문제책

ISBN 979-11-6521-112-7 (03000)
(길벗 도서번호 007067)

정가 18,000원

독자의 1초를 아껴주는 정성 길벗출판사
(주)도서출판 길벗 | IT실용, IT/일반 수험서, 경제경영, 취미실용, 인문교양(더퀘스트) www.gilbut.co.kr
길벗이지톡 | 어학단행본, 어학수험서 www.gilbut.co.kr
길벗스쿨 | 국어학습, 수학학습, 어린이교양, 주니어 어학학습, 교과서 www.gilbutschool.co.kr

페이스북 | www.facebook.com/gilbutzigy
네이버 포스트 | post.naver.com/gilbutzigy

"SNS 웹툰, 당신도 할 수 있습니다!"

이 책은 SNS 웹툰을 그리는 방법과 SNS 웹툰 계정을 운영하는 방법을 담고 있는 책입니다. 자신의 일상을 만화로 기록해보고 싶으신 분들, 만화로 제품이나 서비스를 홍보하려는 광고 기획자 & 디자이너 분들에게 도움이 되고자 집필을 하게 되었습니다. 책에 필요한 준비물은 태블릿과 컴퓨터입니다. 만화를 스케치하기 위한 연습장 한 권도 옆에 두면 좋겠습니다.

SNS 웹툰은 일반 웹툰보다는 분량이 적은 편입니다. 짧으면 한 컷, 길면 10~20컷 이내로 끝나기 때문에, 긴 페이지를 완성해야 한다는 큰 부담 없이 가볍게 시작할 수 있습니다. 또한 글로 쓴 일기보다 훨씬 더 생생하게 나의 감정과 생각들을 기록할 수 있습니다. 광고 분야에서는 글과 사진으로 된 콘텐츠보다 눈에 더 잘 띄는 특성이 있어, SNS 마케팅 콘텐츠로도 제격입니다.

SNS 웹툰은 다양한 분야로 수익을 창출할 수도 있습니다. 실제로 제 주변의 SNS 웹툰 작가분들 중에서는 웹툰 플랫폼에서 정식 연재를 시작하신 분도 있고, 이모티콘 작가로도 활동하거나, 서적 출판을 한 분도 굉장히 많습니다. 웹툰 굿즈를 만들어 판매하거나, 저처럼 외주를 받아 SNS 웹툰을 제작하는 프리랜서 만화가로 활동하는 것도 수익 창출의 한 방법이 될 수 있겠습니다.

책을 집필하면서 정말 많은 정보들을 담으려 노력하였습니다. 특히 SNS 웹툰 계정 운영을 새로 시작한 친구나 동생들에게 해주었던 조언들을 꾹꾹 눌러 담아 놓았기 때문에, 정말 쉽게 따라하실 수 있을 것입니다.

우선, SNS 웹툰의 정의와 종류를 알아보는 것으로 시작합니다. 그 다음, 캐릭터와 계정의 컨셉을 정한 후. 무료 만화 제작 툴인 '메디방 페인트'를 사용해 만화를 제작해 볼 것입니다. 또한 수익창출에 관한 정보와 인스타그램, 페이스북 관리 꿀팁까지 자세하게 적어두었으니 큰 도움을 받으셨으면 좋겠습니다.

책을 집필하는 동안 정말 많은 분들의 도움을 받았습니다. 사랑하는 가족들, 소중한 친구들과 인연들, 드림하우스 식구들, 출판사 담당자님들, 저를 늘 응원해주시는 구독자님들 정말 감사드립니다.

마지막으로 책을 구매해주신 독자님께 감사의 인사를 전해드리고 싶습니다. 이 책이 여러분에게 새로운 취미, 새로운 시작을 도와주는 책이 되기를 바랍니다.

저자 난희

미리보기

이 책은 SNS 웹툰을 그리는 방법과 SNS 웹툰 계정을 운영하는 방법을 담고 있습니다. 자신의 일상을 만화로 기록해보고 싶으신 분들, 만화로 제품이나 서비스를 홍보하려는 광고 기획자 & 디자이너 분들에게 도움이 되기를 바랍니다.

❶ SNS 웹툰 알아보고 준비하기

SNS 웹툰이 무엇이고 어떤 방법으로 작업하는지 알려준다. SNS 웹툰을 연재하기 위해 웹툰 캐릭터를 만들고 콘티를 구성하는 법을 알려준다.

❷ 인스타그램과 페이스북 페이지 관리 팁 알아보기

인스타그램과 페이스북 페이지의 관리 방법에 대해 다룬다. 인스타그램 계정을 크리에이터 계정으로 변경하고 SNS 웹툰을 위해 효과적으로 운영하는 팁과 페이스북 페이지를 운영하는 팁을 소개한다.

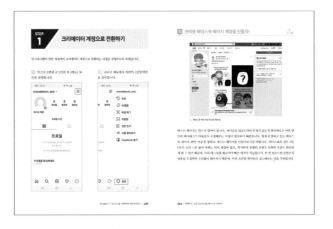

❸ SNS 웹툰 제작 툴 알아보고 따라하며 그려보기

SNS 웹툰 제작에 필요한 툴을 익히고 말풍선을 만들고 대사를 넣는 방법 등 SNS 웹툰을 위한 효과들을 알려준다. 캐릭터, 사물, 공간 등을 그려보고 일러스트 형태, 4컷 만화 형태 등 웹툰을 한 컷씩 따라하며 그려본다.

옵션 값
따라하기 과정에서 적용해야 할 옵션 값을 한 눈에 보기!

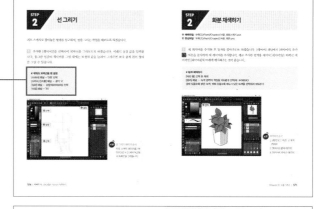

TIP
추가로 알아두면 좋을 내용이나 저자만의 작업 노하우 얻기!

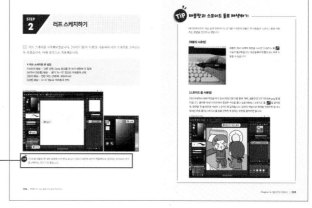

목차

PART 1 · SNS 웹툰 시작하기

SNS 웹툰 제작 툴 익히기

PART 2

PART 3 SNS 웹툰의 기본 효과 만들기

SNS 웹툰 구성 요소 따라하기

PART 5 실전! SNS 웹툰 그리기

PART 6 실전! 인스타그램, 페이스북 시작하기

부록 | 메디방페인트 for iPad 핵심 기능 파악하기

✳ **예제 파일과 완성 파일 사용하기**
　이 책에 사용된 예제 파일과 완성 파일은 길벗출판사 홈페이지(www.gilbut.co.kr)에서 다운로드할 수 있습니다. 홈페이지에 접속한 후 검색창에 "SNS 웹툰 무작정 따라하기"를 입력하여 도서를 찾습니다. 도서 페이지에서 [자료실]을 눌러 파일을 다운로드한 후 압축을 풀어 사용합니다.

1

SNS 웹툰
시작하기

SNS 웹툰은 일반 웹툰과는 다르게 제작부터 계정 운영, 마케팅, 구독자 관리까지 신경써야 할 부분이 많습니다. 이는 하나의 브랜드를 만들어 런칭하는 과정과도 비슷합니다. SNS 웹툰을 시작하기 전에 SNS 웹툰이란 무엇인지, 어떻게 준비하면 좋은지, 어떤 방법으로 작업을 하는지 알아보도록 하겠습니다.

chapter
1

SNS 웹툰 알아보기

SNS 웹툰이란 SNS(Social Network Service)에 업로드되는 적은 분량의 웹툰을 의미합니다. SNS 웹툰은 취미로 일상을 기록하거나 새로운 이야기를 만들어 전달할 수 있습니다. 또 기업의 제품 혹은 서비스를 홍보하는 용도로 제작됩니다. 일반 웹툰과의 차이점, SNS 웹툰으로 수익을 창출하는 방법에 대해서 간단히 살펴보도록 하겠습니다.

SNS 웹툰의 등장

1 SNS 웹툰이란?

▲ 난희의 SNS 웹툰, 난희 만화

SNS 웹툰이란 웹툰 플랫폼이나 웹사이트에서 연재되는 일반적인 웹툰이 아닌 SNS(소셜 네트워크 서비스)에 업로드되는 만화를 뜻합니다. 이전에는 네이버 웹툰의 도전만화, 네이버 블로그, 티스토리, 개인 홈페이지에 만화를 그려서 올렸다면 지금은 페이스북, 인스타그램, 트위터와 같은 SNS에 자신만의 계정을 만들어 직접 그린 만화를 올리고 구독자들과 소통하는 채널이 많아졌습니다. 작가가 직접 계정을 운영하고 만화를 그리며 댓글이나 메시지를 주고 받을 수도 있기 때문에 웹툰이 더욱 친근하게 느껴집니다. 또한, 링크에 접속하여 매번 챙겨보는 방식이 아닌 팔로우(구독) 버튼 한 번으로 만화를 챙겨볼 수 있어 접근성이 좋고 편리합니다.

SNS 웹툰은 주로 자신의 일상을 담은 일상툰이 많이 연재되고 있으며, 특별한 이야기가 담긴 스토리 웹툰, 사연을 받아서 그리는 사연툰 등 다양한 종류가 연재되고 있습니다. 또한 기업에서도 제품이나 서비스를 홍보하기 위해 SNS 웹툰을 제작하여 올리는 경우가 많아졌습니다. 새로 개봉한 영화나 베스트 셀러 소설의 내용을 SNS 웹툰의 형태로 제작하여 쉽고 흥미롭게 전달하거나 앱을 사용하는 방법에 대한 만화, 마케터의 일상 등을 만화로 그려 올리는 것입니다. 만화로 제작된 콘텐츠는 정보 위주의 카드뉴스나 딱딱한 텍스트보다 훨씬 더 높은 관심을 유도할 수 있습니다.

웹툰 플랫폼에서 연재하는 작가들과 다른 점을 꼽자면, 만화를 그리는 사람의 직업이 만화가가 아닌 경우가 훨씬 많다는 것입니다. 직장인, 운동선수, 변호사, 선생님, 가정주부, 대학생 등 정말 다양합니다. 그림을 그릴 줄 안다면 누구나 SNS 웹툰을 그려 올릴 수 있고 자신의 작품으로 SNS 스타가 될 수도 있습니다.

2 SNS 웹툰을 연재하면 좋은 점

❶ 일상을 기록하는 하나의 습관이자 취미가 됩니다

블로그의 일기, 유튜브의 브이로그(Vlog)처럼 SNS 웹툰 또한 자신의 일상을 기록하는 하나의 습관이 될 수 있습니다. 직접 겪었던 일화나 감정들을 그림으로 기록하면 훨씬 더 생생하게 상황을 표현할 수 있으며, 연출을 가미할 수 있어 글이나 영상과는 또 다른 매력으로 다가옵니다.

❷ 일반 웹툰보다 작업량이 비교적 적은 편입니다

SNS 웹툰의 장점은 일반 웹툰 제작에 비해 작업량이 적다는 점을 꼽을 수 있습니다. 일반적인 웹툰의 경우 화려한 배경, 이펙트, 식자 작업 등으로 소모되는 시간이 많습니다. 평균 50컷에서부터, 많게는 90~100컷으로 구성됩니다.

대부분의 SNS 웹툰은 1:1 비율의 정사각형 화면에 그림을 채워 넣기 때문에, 컷을 분할하는 작업이 크게 필요 없고 배경이 없어도 됩니다. 컷 수의 제한이 없기 때문에 한 컷 만화를 그려도 괜찮습니다. 인스타그램은 업로드할 수 있는 이미지가 최대 10개로 제한되어 있어 10컷 안에 이야기를 끝내거나 한 편의 웹툰을 여러 번 나누어서 업로드를 해야 합니다.

❸ 수익 창출이 가능합니다

네이버 웹툰의 도전만화, 베스트 도전이나 다음 웹툰의 리그는 웹툰 PD나 웹툰 플랫폼의 직원들이 섭외를 위해 많이 주시하는 편이라면, 인스타툰이나 페이스북툰은 각 회사의 마케팅 담당자들이 많이 주시합니다. 일종의 홍보 인플루언서(Influencer, 사회에 미치는 영향력이 큰 사람)로 간주하는 것입니다. 인기 SNS 웹툰을 연재하고 있는 작가들에게 브랜드 웹툰 제작 문의는 꾸준히 들어옵니다. 홍보를 위한 광고성 만화 혹은 회사 제품의 프로모션에 사용되는 만화를 의뢰하는 것입니다. 저 또한 이런 브랜드 SNS 웹툰 제작을 통해 꾸준한 수익을 창출하고 있습니다.

또한 SNS 웹툰의 캐릭터를 사용하여 굿즈를 제작하거나 카카오톡 이모티콘과 같은 2차 저작물을 제작하여 수익을 창출할 수도 있습니다. 이러한 수익 창출에 대한 자세한 사항은 뒤에서 더욱 심도 있게 다루도록 하겠습니다.

❹ 구독자, 팬이 생겨납니다

SNS 계정에 여러분의 콘텐츠를 올리는 순간 많은 사람들이 콘텐츠를 보고 감상평을 전해줄 것입니다. 꾸준히 성실하게 웹툰을 업로드한다면, 여러분을 '작가'라는 호칭으로 불러주는 사람들도 생겨날 것입니다. 여러분의 만화 계정을 팔로우하고 챙겨보며 안부를 묻기도 하고 피드백을 남겨주기도 합니다. 당신의 작품을 기대하고 기다리는 팬이 생기는 것입니다.

간혹 자신의 친구에게 태그를 하기도 합니다. "재밌어요", "공감되네요"와 같은 댓글이 쌓이기도 합니다. 이러한 과정 속에서 평소에 느낄 수 없는 희열과 떨림을 느낄 수 있습니다. 혼자 그려서 혼자 보는 그림과는 다른, 나의 작품으로 다른 사람들과 소통할 수 있는 기회가 생기는 것입니다.

◀ 유명 인스타툰 '토덩일기'가 올라오는 모렌 작가의 인스타그램 @moren_yang. 귀여운 토끼 캐릭터 토덩이가 출연하며 제과학원에서의 일상, 여행 후기, 회사에서의 일화 등 귀염뽀짝한 이야기들이 업로드 되고 있다. 현재 인스타그램 유저 1만 5천여 명 정도가 팔로우를 하고 있다.

인기 소셜 네트워크 서비스인 '인스타그램'에서 연재되고 있는 웹툰을 '인스타툰'이라고 합니다. 인스타그램은 회원 가입 절차가 간단하며, 누구나 게시물을 쉽고 빠르게 업로드할 수 있습니다. 가장 큰 특징은 한 번에 최대 10개의 이미지를 올릴 수 있기 때문에 SNS 웹툰을 업로드할 때 작품의 호흡이 짧게 느껴진다는 것입니다.

일상툰	219,000건
공감툰	40,400건
그림일기	365,000건
연애툰	1,000건
생활툰	28,300건
webcomic	1,200,000건
webtoon	965,000건

▲ '#인스타툰' 해시태그   ▲ 인스타툰 관련 해시태그 수

10컷 이상의 웹툰을 올리고 싶을 경우에는 여러 번의 게시물로 끊어서 올리는 방법이 있습니다. 또한 계정을 볼 때 작품들을 하나의 갤러리 형태로 보여주는 피드(feed)가 있어, 피드의 통일감을 맞추는 작업도 신경 써야 합니다. 대부분이 작가들이 피드를 깔끔하게 꾸미기 위해 가로 세로의 픽셀 사이즈가 동일한 정사각형 이미지에 그림을 그리고 배경 색상을 맞추기도 합니다.

인스타툰은 일상툰이 많은 비율을 차지하고 있습니다. 일상툰은 자신의 일상을 담아 만화로 표현하는 것입니다. 취업 준비 과정, 프리랜서 생활, 워킹 홀리데이 일상 등 많은 이야기들이 지금도 업로드되고 있습니다. 인스타툰의 유입 경로는 해시태그(#), 추천 피드에서의 노출, 타인의 태그(@)를 통한 유입이 주를 이룹니다. 인기 인스타툰 작가들은 출판, 전시회, 정식 웹툰 플랫폼에서의 데뷔, 이모티콘 런칭, 굿즈 사업, 온라인 클래스 입점 등 다양한 분야로 진출하며 일반 웹툰 작가만큼의 인지도와 영향력을 보이기도 합니다.

또한 광고대행사나 업체의 직접적인 연락을 통해 브랜드 웹툰 제작 의뢰를 받고, 제품이나 서비스 혹은 영화나 드라마의 홍보 웹툰 작업을 진행하기도 합니다. 취미로 시작한 일에서 작게는 부업 크게는 직장인 이상의 수익을 얻어 자신만의 사업을 펼치는 작가들이 늘어나고 있는 추세입니다. 이러한 부분들에 메리트를 느끼고 인스타툰에 뛰어드는 예비 작가들도 굉장히 많습니다.

평균 60컷이 넘어가는 일반 웹툰을 준비하는 과정과는 달리, 인스타툰은 10컷의 제한이 있기 때문에 보다 가볍게 시작할 수 있다는 장점이 있습니다. 또한 업로드 주기를 작가의 일정에 따라 자유롭게 올릴 수 있고, 내용도 자유롭게 올릴 수 있다는 점에서 취미로 시작하기에 큰 부담이 없습니다.

한국뿐만 아니라 미국, 일본에서도 인스타그램에 만화를 올리는 작가들이 다수 존재합니다. 웹툰이 글로벌한 콘텐츠로 사랑을 받고 있는 만큼 인스타그램은 예비 작가들이 인지도를 올리고 팬들과 소통할 수 있는 최고의 홍보 수단으로 적절합니다.

인스타툰 이미지 파일 형식	1:1 비율의 정사각형 .png 형식 이미지 (최적 사이즈: 800~1000px X 800~1000px, 1:1 정사각형 비율이 아니어도 상관없지만, 전체 이미지의 비율이 동일해야 사진이 잘리지 않고 올라감)
인스타툰 컷 수	한 번 업로드 시 10장 제한이 있음 10장 이상으로 작업했을 때, 여러 번 나누어서 올려야 함
인스타툰의 인기 장르	일상, 드라마, 옴니버스, 사연공모
인스타툰 제작 프로그램	포토샵, 사이툴, 메디방페인트, 클립스튜디오 등
유료 광고 기능	유료 광고 가능(광고 결제를 통한 콘텐츠 홍보 가능, ex. sponsored 콘텐츠로 타 유저의 피드에 올라가는 형태)

▲ 인스타툰의 특징

4 페이스북툰

세계 최대의 소셜 네트워크 서비스인 '페이스북'에서 연재되고 있는 웹툰을 '페이스북툰'이라고 합니다. 페이스북 페이지를 개설하여 콘텐츠를 업로드할 수 있으며 게시물 예약, 인사이트 관리, 우수팬 뱃지 설정, 댓글 필터링, 댓글 숨기기 등 다양한 세부 설정이 가능합니다. 또한 한 게시물당 최대 30장의 이미지를 업로드할 수 있습니다.

▲ '난희 만화' 페이스북 페이지(http://www.facebook.com/nanheetoon)

게시물의 레이아웃이 첫 이미지의 비율에 따라 3가지의 형태로 설정되며(1:1 정사각형, 가로 대문형, 세로형) 작가들은 콘텐츠의 성격에 맞게 레이아웃 형태를 맞추어 업로드합니다.

1:1 정사각형 레이아웃	가로 대문형 레이아웃	세로 대문형 레이아웃

• 첫 장의 사이즈:
  1000px ×1000px
• 해상도와 컬러모드:
  72dpi, RGB
• 나머지 장의 사이즈:
  동일 사이즈로 작업
• 장수: 4장 이상, 30장 이하
	• 첫 장의 사이즈:
	  960px × 640px
	• 해상도와 컬러모드:
	  72dpi, RGB
	• 나머지 장의 사이즈: 자유롭게
	  설정해도 무관
	• 장수: 4장 이상, 30장 이하
		• 첫 장의 사이즈:
		  640px × 960px
		• 해상도와 컬러모드:
		  72dpi, RGB
		• 나머지 장의 사이즈: 자유롭
		  게 설정해도 무관
		• 장수: 4장 이상, 30장 이하

▲ 페이스북 페이지 게시물 업로드 레이아웃

페이스북툰은 공감툰이 많은 비율을 차지하고 있습니다. 페이스북툰의 주요 유입 경로가 좋아요(like)와 댓글을 통한 지인 태그(@)로 이루어지기 때문에, 만화 자체에 공감적인 요소가 많을수록 게시물의 도달률이 높아집니다.

2014년부터 2017년까지는 한국의 대표 SNS 역할을 했기 때문에, 페이스북의 유명 작가들은 일명 '페북스타'라는 명칭으로 큰 영향력을 끼치기도 했지만, 2019년부터는 인스타그램과 유튜브의 점유율이 높아지면서 최근에는 영향력을 다소 잃은 상태라고 볼 수 있습니다.

페이스북툰 파일 형식	.png 형식 이미지 (최적 사이즈: 800~1000px X 800~1000px, 첫 장의 비율에 따라 게시물의 레이아웃이 바뀌므로 '페이스북 페이지 게시물 업로드 레이아웃'을 참고하여 제작할 것)
페이스북툰 컷 수	페이스북 페이지 기준 최대 30장까지 업로드 가능
페이스북툰의 인기 장르	공감툰, 개그, 일상, 사연 공모 등
페이스북툰 제작 프로그램	포토샵, 사이툴, 메디방페인트, 클립스튜디오 등
유료 광고 기능	유료 광고 가능(광고 결제를 통한 콘텐츠 홍보 가능(예: sponsered 콘텐츠로 타 유저의 피드에 올라가는 형태))

▲ 페이스북툰의 특징

SNS 웹툰의 종류 알아보기

1 일상툰

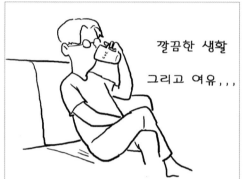

▲ 자취생의 일상툰

일상툰은 자신이 경험했던 일 중 하나를 선정하여 만화로 표현하는 방식입니다. 특별하지 않더라도 즐거웠거나 기억에 남았던 일상의 이야기를 다루어도 괜찮습니다. 개인의 감정 변화와 솔직한 심정을 일기처럼 기록한다고 생각하면 소재에 대한 부담이 덜어질 것입니다. 하지만 하나의 콘셉트가 정해져있다면 훨씬 더 많은 구독자들을 모을 수 있습니다.

콘셉트는 주로 직업(취준생, 프리랜서, 직장인, 대학생, 지망생 등)으로 나뉘거나 취미(수영, 헬스, 요가, 요리 등)로 나뉘기도 합니다. 혹은 자신이 키우는 반려동물(고양이, 강아지, 고슴도치 등)에 대한 일상을 담을 수도 있습니다.

인기 일상툰의 주제 중 하나는 '여행기' 입니다. 여행을 다녀왔던 경험을 웹툰 형식으로 풀어나가는 것으로, 제주도에서 한 달 살았던 경험을 웹툰으로 풀어나간다든지 동유럽에 가서 먹었던 음식들과 만난 사람들과의 이야기를 회상하며 기록하는 것입니다. 또한 운동에 관한 일상툰도 많은 인기를 끌고 있습니다. 수영, PT 등 최근 많은 사람들이 관심을 가지고 있는 종목들을 직접 체험하고 겪은 이야기들을 만화로 표현하는 것입니다. 작가와 같은 운동을 하고 있는 사람들은 공감 포인트에 재미를 느끼고 묘한 유대감이 생길 것이며, 운동을 해보지 않은 사람들의 경우 일상에서 겪지 못하는 요소들을 간접적으로 체험할 수 있는 기회가 생기기 때문에 신선함을 느낄 수 있습니다.

 예시

콘셉트를 표현하는 일상툰의 #제목

프리랜서 번역가의 일상 #번역하는여자

수영 초보가 그리는 수영일기 #수영초보일기

고슴도치 '헷구'와 함께하는 #헷구일지

험난했던 석사 과정을 다룬 이야기 #척척석사이예지

▶ 실화 바탕의 스토리툰

스토리툰은 실화, 팩션, 픽션 세 가지로 나뉩니다. 실화는 자신이나 주변인이 겪은 실제 이야기를 바탕으로 구성하는 것입니다. 팩션은 진실된 실화(Fact)와 가상의 이야기(Fiction)를 합친 이야기를 뜻합니다. 마지막으로 픽션은 현실이 아닌 가상으로 꾸며낸 이야기라고 할 수 있습니다.

▲ 대학교 아싸 문화를 다룬 스토리툰, 아싸의 세계

스토리툰에서는 주인공이 존재하며 그 주인공의 일대기나 주인공이 처한 상황을 풀어나가는 것이 주요 소재로 구성됩니다. 웹툰 플랫폼에서 연재되는 스토리 웹툰과도 비슷하지만, SNS 웹툰의 스토리툰은 분량이 조금 더 짧게 연재되는 것이 특징입니다.

팩션 혹은 픽션으로 스토리를 구성할 경우에는 만화의 기, 승, 전, 결을 설정해야 하며 주기적으로 연재해야 구독자들이 지속적으로 찾아온다는 점을 유의해야 합니다.

예시

흥미를 유발하는 스토리툰의 #제목

사고를 당한 후, 사람의 마음을 읽을 수 있게 된 주인공의 좌충우돌 시련기 #비밀은없다

사주명리학을 공부하게 된 공대생의 이야기 #천명

쉐어하우스에서 일어나는 충격적인 살인사건의 전말 #오후4시쉐어하우스

▲ 사연을 각색하여 제작하는 레드프린팅의 '인쇄고민해결툰'

사연툰은 구독자의 사연을 받아서 각색한 후, 만화로 표현하는 방식입니다. 한 편으로 이야기가 끝나거나 옴니버스 형태로 이어지기도 합니다. 다양한 이야기를 표현할 수 있다는 장점이 있으며, 소재와 연출의 제한이 없어 구독자들 입장에서도 신선하고 흥미롭게 느낍니다. 특히 연애와 관련한 사연툰은 항상 반응이 뜨겁습니다.

관심을 끄는 사연툰의 제목

썸남이 제 친구랑도 썸을 타기 시작했어요

CC였는데 헤어졌어요. 어떡하죠?

4 공감툰

▲ KT&G 상상유니브의 대학생활 공감툰

공감툰은 사람들의 공감을 일으킬 만한 소재를 만화로 그리는 것입니다. 사람들의 특징 혹은 유형을 과장하여 담아냅니다. 혹은 연애, 입시미술, 대학생활과 같이 특정 타깃의 사람들이 한 번쯤은 겪어봤을 이야기와 생각들을 담아 간결하게 표현해내는 것도 예시가 될 수 있겠습니다.

 예시

콘셉트를 표현하는 공감툰의 제목

대학교 기숙사 룸메 유형

친구들 술버릇 유형

선을 넘는 사람들의 특징

대학생들이 자주 하는 말

SNS 웹툰으로 수익 창출하기

1 출판화

많은 사람들의 사랑을 받은 SNS 웹툰은 출판사의 제의를 통해 정식 출간이 되기도 합니다. 인기 인스타툰 작가인 유니유니 작가의 취준 생활을 솔직하게 담은 〈취준생일기〉는 전국 취업 준비생들의 심금을 울려 인스타툰 연재 당시 많은 사랑을 받았고 출판으로까지 그 인기를 이어갔습니다. 또한 아기자기한 그림일기를 통해 자신의 일상을 솔직하게 담아내는 심다은 작가의 〈오늘의 다은〉도 한 권의 책으로 엮어져 정식 출간이 되기도 하였습니다.

이러한 인기 인스타그램 작가들의 선례와 영향력을 통해 출판시장에는 SNS 웹툰이라는 새로운 바람이 불었습니다. 일상 웹툰은 물론, 스토리 형태의 SNS 웹툰 도서가 출간되는 일도 굉장히 많아졌습니다.

출판사를 통한 출간이 아닌 독립 출판을 하는 작가들도 늘어나고 있습니다. 기존의 팔로워가 어느 정도 보유되었다면 텀블벅, 와디즈와 같은 크라우드 펀딩 플랫폼을 통해 독립 출판 펀딩을 진행하는 것입니다. 제작, 디자인, CS, 배송을 모두 직접 해야 한다는 어려움이 있지만 세상에서 단 몇 권만 제작된 책이라는 특별함의 매력이 존재합니다. 독립 출판을 통해 인기를 증명한 후, 출판사의 제의를 받아 정식 출간을 한 케이스도 늘어가고 있습니다.

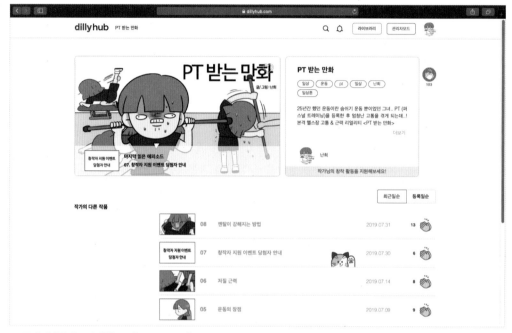

▲ 독립 연재 플랫폼, 딜리헙(http://dillyhub.com)

이전에는 포털 사이트의 웹툰 플랫폼에서 정식 데뷔를 해야만 자신의 웹툰을 판매할 수 있었습니다. 웹툰 작가와 작가 지망생들은 투고를 하고, 웹툰 PD의 선택을 받아야만 정식적인 연재가 가능했습니다. 하지만 2017년부터는 포스타입, 딜리헙과 같은 독립 연재 플랫폼이 등장하였고, 누구나 자신의 창작 만화를 올려서 판매할 수 있게 되었습니다. 인터페이스 또한 일반 웹툰 플랫폼과 동일하며, 모바일 웹과 모바일 앱으로도 콘텐츠를 열람할 수 있습니다. 회원 가입을 한 후 작가 등록을 하면 자신의 창작물을 원하는 가격에 판매할 수 있습니다. 유료 미리보기 설정 기능, 작가 후원 기능, 멤버십 기능 등 다양한 기능까지 지원합니다. 또한 플랫폼 수수료+결제 수단 수수료+부가세를 제외한 대부분의 금액을 정산받을 수 있습니다. 많은 신인 작가들이 이러한 독립 연재 플랫폼에 작품을 올리고 있고 만화 판매를 통한 수익을 얻고 있습니다.

아직은 웹툰 플랫폼에 비해 업로드된 작품의 수가 적지만 기존 웹툰 작가들의 독립 연재 플랫폼 사용률이 높아지고 일반인의 접근이 높아진다면 하나의 웹툰 유통 채널로 자리잡을 수 있을 것으로 보입니다.

3 캐릭터 상품 판매

❶ 굿즈 제작 및 판매

▲ 인쇄 전문 브랜드 '레드프린팅'의 아크릴 키링

SNS 웹툰 속 캐릭터를 담은 굿즈를 제작하여 판매하는 것도 수익 창출의 한 방법이 될 수 있습니다. 직접 디자인한 도안의 제품의 샘플을 제작하여 SNS에 업로드한 후 구글 docs나 네이버 폼을 통해 주문서를 만들어 소량 판매하거나, 네이버 스마트 스토어를 직접 만들어 판매하는 방법도 있습니다. 플리마켓 행사 혹은 서울일러스트페어와 같은 오프라인 디자인 행사에 부스 참여를 신청하여 판매하는 것도 구매자를 만나고 다른 작가들도 만날 수 있는 좋은 방법입니다.

▲ 레드 프린팅의 소량 인쇄 주문 서비스

인쇄 전문 브랜드인 레드프린팅에서는 대량 인쇄만 가능했던 제품들을 1개부터 주문할 수 있도록 해주는 서비스를 제공해주고 있습니다. 아크릴 키링, 에어팟 케이스, 버즈 케이스, 필름 케이스, 카드 지갑 등 다양한 제품들이 있으며 이벤트 상품을 제작하거나 소장용 굿즈를 만들 수 있습니다. 샘플 제품을 뽑을 때도 자주 사용되고 있습니다.

❷ 크라우드 펀딩

▲ 크라우드 펀딩 플랫폼, 텀블벅

▲ 크라우드 펀딩 플랫폼, 와디즈

크라우드 펀딩이란 텀블벅, 와디즈와 같은 펀딩 플랫폼을 통해 다수의 개인들로부터 자금을 모은 후 제품을 제작하고 발송하는 시스템을 의미합니다. 2017년에는 캐릭터 인형의 크라우드 펀딩이 유행했고, 2018년에는 독립출판물, 2019년부터는 실용적인 제품들의 펀딩이 많은 인기를 끌었습니다. 회사 소속이 아닌 개인 작가들은 한 번에 큰 자금을 준비하여 제품을 생산하고 판매하기 어렵기 때문에 주문량을 미리 확인하고 금액을 받아 제작에 들어가는 선주문 – 선결제 – 후제작 및 발송 형태의 크라우드 펀딩을 선택하는 경우가 많습니다.

크라우드 펀딩은 작가가 직접 목표 금액을 설정하고 그 목표 금액이 도달해야지만 펀딩이 성공한다고 표현합니다. 펀딩 성공 시에만 결제가 진행되고 펀딩이 실패했을 경우에는 결제가 진행되지 않습니다. 크라우드 펀딩은 제품의 기획부터 제작, 업체 선정과 디자인 작업, CS와 배송 그리고 홍보까지 장기적으로 해야 하는 프로젝트이기 때문에 쉽고 가벼운 마음으로 시작하기는 어렵다고 할 수 있습니다. 펀딩하는 제품의 생산이 어려울수록 짧으면 3개월, 길면 6개월에서 1년까지도 투자해야 하는 작업이기 때문에 신중히 생각하는 것이 좋습니다.

4 이모티콘

▲ 카카오톡 이모티콘 오픈 스튜디오(https://emoticonstudio.kakao.com/pages/home)

메신저에서 빠질 수 없는 대화 수단인 이모티콘도 수익 창출의 통로로 사용되고 있습니다. 10억 매출을 올린 개인 작가들에 대한 기사들이 나온 이후로 제안하는 사람들이 굉장히 많아졌고, 경쟁률이 높아진 만큼 승인률은 더더욱 낮아졌습니다.

카카오톡 이모티콘의 경우, 입점 제안을 상시로 모집하고 있지만 입점을 하는 것이 쉽지는 않습니다. 한 달에 1,000건 이상의 제안이 들어오지만, 그 중에서 몇 퍼센트의 작품들만 승인되기 때문에 경쟁률을 뚫는 것이 어렵기 때문입니다. 또한 심사 기준이 명확하게 나와 있지 않고, 미승인이 되더라도 사유를 알려주지 않기 때문에 많은 작가들이 제안→미승인의 과정에서 많이 좌절을 겪곤 합니다.

하지만 기존의 작가들도 많은 도전을 통해 작품을 입점시킨 것이며, 사용성이 좋은 작품을 제안한다면 분명 좋은 결과가 따라올 것입니다. 기존에 없던 특별한 콘셉트나 트렌디한 요소를 담은 이모티콘을 제안하는 것도 방법입니다. 특히 10~20대 여성의 구매율이 높은 것을 고려하여 독특하고 재밌는 코믹 콘셉트나 귀엽고 깜찍해서 소장 욕구를 불러일으키는 콘셉트를 선택하는 것도 좋습니다.

▲ 작가들이 제일 싫어한다는 이모티콘 미승인 메일

이모티콘 시안 제출 후, 심사 결과는 2주에서 한 달 정도가 소요됩니다. 미승인이 되었을 경우 사유는 알려주지 않으며 단체 발송되는 미승인 메일 내용이 전송됩니다. 승인이 되었을 경우, 담당자의 설명에 따라 채색시안 – 애니시안 – 기기테스트 – 판매 순서로 이모티콘 제작이 진행되며, 멈춰있는 이모티콘의 경우 런칭까지 평균 3개월, 움직이는 이모티콘의 경우 런칭까지 평균적으로 3개월에서 6개월 정도의 기간이 소요됩니다. 패스트 트랙으로 선정되면 각 시안과 테스트에 대하여 빠른 컨펌이 이루어지기 때문에 1~2개월 내로도 런칭이 가능합니다. 주로 인기 이모티콘이나 시장성이 있고 완성도가 높은 이모티콘의 경우 패스트 트랙으로 선정되곤 합니다.

카카오톡 이모티콘 제안 시 제출해야 하는 시안 제작 정보는 다음과 같습니다.

멈춰있는 이모티콘	• PNG, (배경–투명) 32종 제작 • 32종 • 360px × 360px
움직이는 이모티콘	• 멈춰있는 시안 PNG(배경–투명) 21종 제작 • 움직이는 시안 GIF(배경 – 흰색) 3종 제작 • 24종 • 360px × 360px
큰 이모티콘	• 멈춰있는 시안 PNG(배경–투명) 13종 제작 • 움직이는 시안 GIF(배경 – 흰색) 3종 제작 • 총 16종(정사각형, 가로형, 세로형 각각 1개씩 제작 필수) • 정사각형 540 × 540(px), 가로형 540 × 300(px), 세로형 300 × 540(px)

5 브랜드 웹툰 제작

❶ 브랜드 웹툰이란

▲ KT&G 상상유니브의 홍보 마케팅을 위한 브랜드 웹툰

SNS를 통해 대규모의 마케팅을 진행하는 기업들은 제품을 홍보할 역량을 가진 인플루언서를 모집하고 일정 금액을 지불하여 홍보하고자 하는 브랜드와 알맞은 인플루언서에게 마케팅을 의뢰해 진행합니다. 패션과 스타일링에 관한 작가에게는 쇼핑몰 협찬과 쇼핑 애플리케이션의 홍보가 들어가고, 출산과 육아와 관련한 작가에게는 유아용품과 가정용품 광고가 들어가는 것을 예로 들수 있겠습니다. 팔로워(구독자)의 유형과 성격에 알맞게 비즈니스 문의가 들어가는 것입니다. 필자가 7만 명이 구독하는 '대학생만화' 페이스북 페이지를 운영하던 시기에는 대학생 구독자가 많기 때문에 대외활동, 대학생을 타깃으로 하는 프로모션과 관련한 비즈니스 문의가 일주일에 5건이상 들어왔습니다.

SNS 웹툰을 연재하는 인스타툰, 페이스북툰 작가에게는 홍보 만화 의뢰가 자주 들어옵니다. 브랜드 웹툰 작업이 가능하다는 것을 프로필이나 정보에 명시하는 것이 좋습니다. 주로 다음과 같이 작가의 메일 주소를 표기해놓는 것으로 대신합니다.

작업 문의: univ2018@naver.com

❷ 브랜드 웹툰의 단가 책정

브랜드의 마케팅 담당자들은 자신의 브랜드와 프로모션 제품에 잘 어울리는 작가를 선정하여 제안 메일이나 DM(다이렉트 메시지)을 보냅니다. 브랜드의 홍보를 담당하고 있는 광고대행사에서 연락을 보내기도 합니다. 먼저 프로모션에 대한 소개와 단가 문의 메일이 제일 먼저 오는데, 회신을 통해 브랜드 웹툰의 단가를 물어보는 절차를 가집니다. 작가가 회신하는 단가가 적절할 경우 제안이 성사되고, 그렇지 않으면 제안은 파기됩니다.

브랜드 SNS 웹툰 작업 단가는 회당 최소 40만 원에서 최대 400만 원 이상으로 작가의 팔로워 수, 화제성, 그림의 난이도에 따라서 단가 책정 방식이 다양합니다. 어떤 금액을 받는지 단가표가 정해져 있지 않지만 단가 책정은 작가 본인이 해두는 것이 좋습니다.

단가 책정은 컷당 단가, 업로드 단가, 회당 단가를 각각 정하는 것이 좋습니다. 웹툰을 제작하고 작가의 계정에 업로드를 함께 하는지, 브랜드의 계정에만 업로드가 되는지에 따라서도 나뉘기 때문에 업로드 단가도 정해놓는 것이 좋습니다. 또한 광고의 성격이 강한 SNS 웹툰은 금액을 높게 설정하고 일상 소재나 광고의 성격이 적은 SNS 웹툰의 경우는 적절한 가격으로 설정하여 일반 웹툰 제작/광고 웹툰 제작으로 분류하는 것이 좋습니다. 다음은 SNS 웹툰 단가 예시와 단가 계산의 예시입니다. 이 예시는 가상의 예시이며, 다르게도 책정이 가능합니다.

	만화 한 컷 당 가격 (원고료)	업로드 비용		
		브랜드 페이지 업로드	작가 SNS 계정 직접 업로드	작가 SNS 계정 공유 (공유 or 리그램)
컷 당 가격	A	0	B	C

〈브랜드 웹툰 단가 계산 예시〉

예 10컷 제작, 브랜드 공식 계정에만 업로드

A * 10 + 0 = 10A

예 5컷 제작, 브랜드 공식 계정과 작가 SNS 계정에 업로드

A * 5 + 0 + B = 5A+B

Tip 이런 브랜드 웹툰 제의는 받지 마세요

- 수익쉐어 방식(고료를 주지 않고, 작가 계정의 링크 홍보를 통해 결제된 수익의 일정 비율을 배분하는 형식)
- 상품을 대가로 원고료를 주지 않는 방식. 컷당 단가가 5천 원도 되지 않는 회사. 계약서를 작성하지 않는 회사. 홍보를 해주겠다는 대가로 원고료를 주지 않는다는 회사

❸ 브랜드 웹툰의 작업 프로세스

단가 협의와 스케줄 협의를 마쳤다면 브랜드 SNS 웹툰 제작에 들어가게 됩니다. 브랜드 SNS 웹툰 제작의 경우 크게 4가지 프로세스로 진행됩니다.

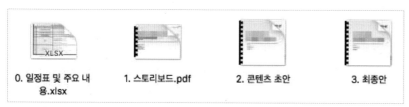

0. 일정표 및 주요 내용.xlsx   1. 스토리보드.pdf   2. 콘텐츠 초안   3. 최종안

▲ 브랜드 웹툰의 작업 프로세스

① 일정표 및 주요 내용 전달

* 브랜드 SNS 웹툰 제작/업로드 스케줄				
월	화	수	목	금
	27	28	1	2
	제작 요청			스토리보드 수령
5	6	7	8	9
스토리보드 피드백				콘텐츠 초안 수령
12	13	14	15	16
콘텐츠 초안 피드백			최종 콘텐츠 수령	최종 피드백 및
19				수정
콘텐츠 업로드				

스토리보드, 콘텐츠 초안, 최종안의 마감일을 설정한 일정표와 웹툰 내용에 들어갈 중요한 정보 자료 및 이미지 자료를 전달하는 과정입니다.

② 스토리보드 전달

텍스트로 구성된 텍스트안과 그림으로 구성된 스토리보드를 함께 보냅니다. 컴퓨터로 예쁘고 깔끔하게 작업하기보다는 볼펜으로 종이에 그려서 스캔하거나 핸드폰으로 촬영하여 보정하는 것이 시간을 줄일 수 있는 방법입니다. 담당자에게 전달하여 더욱 강조해야 할 표현은 어떤 것이 있는지, 장면에 문제가 없는지 검토를 받습니다.

③ 콘텐츠 초안 전달

▲ 웹툰 채색 전 외곽선 작업물

통과된 스토리보드를 토대로 SNS 웹툰의 선 작업을 진행합니다. 채색이 들어가지 않고 외곽선을 그린 작업물을 제작합니다. 대사와 말풍선은 이해를 위해 넣어주는 것이 좋습니다. 수정에 대비해 레이어를 합치지 않고 원본 상태로 잘 저장해놓는 것도 중요합니다. 선 작업이 완성이 되면 담당자에게 전달하여 추가해야 할 장면이나 요소들에 대해 검토를 받습니다.

④ 콘텐츠 최종안 전달

▲ 채색과 효과 작업이 완성된 작업물

검토가 끝났다면 채색과 효과 작업을 모두 진행하여 완성된 SNS 웹툰을 만들어냅니다. 완성된 작업안을 전송하여 검토를 받고, 이상이 있으면 수정을 진행하고 이상이 없을 경우 업로드 일정에 따라 업로드 내용과 해시태그, 업로드 시각 등에 대한 협의를 진행합니다.

⑤ 업로드

정해진 업로드 시각에 맞추어 SNS 웹툰 계정 혹은 브랜드 계정에 만화를 업로드합니다. 업로드 후 댓글 모니터링을 하는 것도 중요하며, 회사에서 요구할 경우 업로드 링크를 제출하거나, 일정한 기간 동안 산출된 인사이트를 캡처하여 전달하기도 합니다.

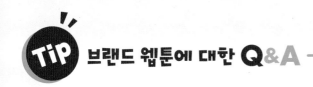

브랜드 웹툰에 대한 Q&A

Q. 제안 메일에 대해 회신을 했는데 한 달이 지나도 회신이 없어요.

A. 보통의 마케팅 담당자는 단가가 맞지 않는다고 생각할 경우, 회신을 하지 않습니다. 최대한 다양한 작가에게 메일을 보낸 후 가장 단가가 저렴한 작가에게 작업 의뢰를 맡기기 때문입니다. 회신을 주는 담당자도 있지만 그렇지 않은 담당자들이 훨씬 많기 때문에 회신이 2주 이내로 오지 않을 경우, 취소된 것으로 보아도 무방합니다. 혹시라도 정말 중요한 제의라고 생각된다면 한 번 더 메일을 보내 보세요. 필자의 경우, 대부분 [제안이 성사되지 않았다.]라는 내용의 회신을 전달받았습니다.

Q. 개인사업자 등록이 되어있지 않은 일반적인 프리랜서는 계약서를 어떻게 작성하나요?

A. 개인사업자 등록이 되어있지 않을 경우, 원천세(3.3%) 징수를 위한 표준 계약서를 회사에서 전달합니다. 표준계약서 / 인력투입확인서 / 프리랜서 계약서 / 콘텐츠 용역 계약서 등 다양한 형태로 생겼지만 내용은 거의 동일합니다. 회사에 방문하여 계약서에 도장을 찍거나 집으로 서류를 받은 후 도장을 찍어서 돌려보내는 방식을 많이 사용합니다. 계약서에는 업무 내용, 만료일자, 금액에 대한 정보가 적혀있습니다.

Q. 주민등록증 사본과 통장사본을 보내라고 하는데 원래 그런 건가요?

A. 그렇습니다. 회사에서의 내부 결제와 정산을 위해 필요한 자료이니 항시 준비해놓는 것이 좋습니다. 통장 사본이 없을 경우, 은행 애플리케이션 내의 통장사본발급 기능을 사용하는 것도 좋습니다.

Q. 정산은 언제 진행되나요?

A. 정산은 회사의 정산일자에 맞추어 계좌로 입금됩니다. 회사의 정산일이 매달 15일일 경우, 15일 오후 중으로 계약한 금액에서 일정한 세액이 차감된 금액이 입금됩니다. 주말일 경우에는 주말이 지난 평일 오후에 입금이 됩니다. 고료 정산 금액은 회사의 정산일자에 맞추어 계좌로 입금됩니다. 회사의 정산일이 매달 15일일 경우, 15일 24시간 내에 입금이 되는 방식입니다. 주말일 경우, 보통 다음 평일(월요일)에 정산이 됩니다. 프리랜서일 경우, 3.3%의 원천세가 제외된 금액이 들어옵니다.

Q. 계약서와 또 받아야 하는 서류가 있나요?

A. 업무가 종료되었을 경우, 담당자에게 해촉증명서를 요청하여 받아놓는 것이 좋습니다. 해촉증명서란 더 이상 이 회사에서 업무를 하지 않는다는 것을 증명하는 서류입니다. 프리랜서로 생활하다 보면, 지역가입자 보험료가 갑자기 인상되어 조정 신청을 해야 하는 일이 생기곤 합니다. 일이 끝났음에도 불구하고, 계속 일을 하고 있는 것으로 분류되어 보험료가 높아지는 것입니다. 당황하지 말고 국민건강보험공단에 보험료 조정 신청에 관한 연락을 취한 후, 해촉증명서를 팩스로 보내면 조정 신청이 완료됩니다. 해촉증명서를 미리 받아놓지 않으면 몇 년이 지난 후 회사에 다시 연락해야 하는 번거로움이 생기며, 담당자가 퇴사하여 연락이 닿지 않는 경우도 많기 때문에 업무가 종료되었을 때 받는 것이 가장 좋은 방법입니다.

chapter 2

SNS 웹툰 준비하기

SNS 웹툰은 어떤 과정으로 만들어질까요? 일반 웹툰의 작업 과정과 비슷하지만 컷의 수가 상대적으로 적고, 스크롤이 아닌 페이지를 넘기는 형태이기 때문에 일반 웹툰과는 다른 방식으로 제작해야 합니다. 이번 챕터에서는 만화를 처음 작업하는 분들을 위한 만화 작법의 기초와 SNS 웹툰의 실제 작업 프로세스, SNS 웹툰 계정을 어떻게 운영하면 좋을지 기획해보며, 어떤 장비를 준비해야 하는지에 대한 상세한 정보를 담아보았습니다.

나만의 SNS 웹툰 캐릭터 만들기

1 SNS 웹툰 캐릭터의 특징

SNS 웹툰은 일반 웹툰과 다르게 SNS의 특성을 그대로 갖고 있기 때문에 '구독하고 싶게 만들어지는가?'가 가장 중요한 포인트로 작용됩니다. 특히 이야기를 이끌어가는 주인공 캐릭터가 귀엽고 매력이 있어야 합니다. 친구나 동생으로 삼고 싶은 느낌이 들어야 합니다. 구독하고 챙겨볼 만큼의 재미가 있고 공감이 되며, 매력이 넘치거나 솔직담백해야 합니다. 로맨스 웹툰이나 판타지 웹툰의 주인공처럼 외모가 특출나지 않아도 되지만 개성만큼은 뚜렷해야 합니다.

웹툰 작업을 시작하기 전 캐릭터의 외형과 세부적인 특징에 대한 '캐릭터 설정표'를 가볍게 만들어놓는 것이 좋습니다. 캐릭터 설정표는 캐릭터의 전체적인 모습을 하나로 정의하는 과정입니다. 캐릭터의 비율을 볼 수 있는 전신 샷 하나(앞, 옆, 뒤)의 모습만 그려도 충분합니다. 8등신의 길쭉한 캐릭터는 1:1 정사각형에서 다양한 포즈로 연출하기 어려운 부분이 있습니다. 캐주얼한 SNS 일상툰을 그리기에는 3~5등신 정도를 추천합니다. 인간이 아닌 동물이나 사물의 캐릭터로 연출하게 된다면 인간의 표정만큼 다양한 표정을 소화할 수 있도록 다양한 표정 연출을 설정해주는 것이 좋습니다.

난희 캐릭터

대학생들의 공감툰 '대학생만화', 대학교 졸업 후의 일상을 다룬 '난희 만화'의 주인공 난희 캐릭터입니다. 4.5등신의 비율을 가지고 있으며 표정이 다양합니다. 운동이 취미이기 때문에 다양한 포즈를 구현할 수 있는 인간의 형태가 잘 맞습니다.

▶ 난희의 캐릭터

머리의 볼륨과 수줍은 미소를 강조하여 그려볼게요!

▲ 인물 사진

▲ 긴 생머리 캐릭터

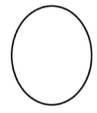

1. 길쭉한 달걀을 그려줍니다.

2. 얼굴의 중심과 눈과 코가 들어갈 공간을 나누어줍니다

3. 얼굴형을 그려줍니다.

4. 머리카락과 귀를 그려줍니다.

5. 쌍커풀이 있는 눈과 도톰한 입을 귀엽게 그려줍니다.

6. 채색 작업을 합니다.

뽀로통한 표정과 동그란 얼굴형, 외꺼풀의 긴 눈을 강조해볼게요!

▲ 인물 사진

▲ 단발머리 캐릭터

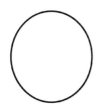

1. 동그란 달걀을 그려줍니다.

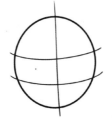

2. 얼굴의 중심과 눈과 코가 들어갈 공간을 나누어줍니다.

3. 얼굴형을 그려줍니다.

4. 머리카락과 귀를 그려줍니다.

5. 길쭉하고 동그란 눈을 그리고 입술을 뽀족하게 표현합니다.

6. 채색 작업을 합니다.

4 캐릭터의 다양한 표정 표현하기

캐릭터의 표정을 그릴 때에는 거울을 보고 직접 표정을 지어보며 그리는 것이 가장 쉽습니다. 많은 캐릭터 디자이너와 만화가들이 사용하는 방법입니다. 표정의 변화가 없는 캐릭터는 감정을 전달하지 못하기 때문에 최대한 대사에 알맞은 표정을 보이도록 세심하게 그려주어야 합니다.

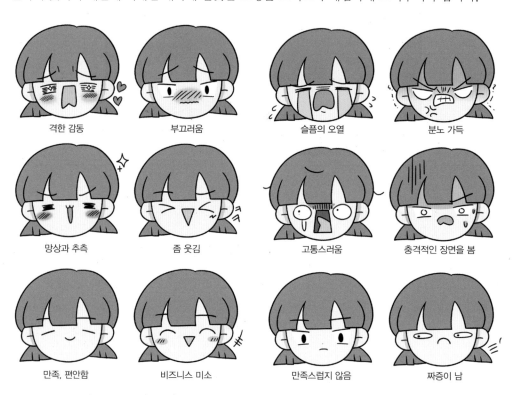

격한 감동	부끄러움	슬픔의 오열	분노 가득
망상과 추측	좀 웃김	고통스러움	충격적인 장면을 봄
만족, 편안함	비즈니스 미소	만족스럽지 않음	짜증이 남

▲ '난희 만화'의 난희 캐릭터

5 데일리룩을 참고하여 캐릭터 의상 만들기

하루의 일상을 기록하는 일기형 만화의 경우, 그날 입었던 의상과 스타일링을 웹툰으로 그려두면 사진이나 영상만큼이나 생생하게 추억을 기록하는 수단이 되어줄 것입니다. 촬영해두었던 사진을 보고 색감과 형태를 참고하여 캐릭터의 의상으로 만들어보세요.

▲ 가을 여행으로 갔던 순천! 베이지색 코트와 엄마의 스카프, 언니의 녹색 에코백을 걸친 모습

▲ 겨울 여행으로 갔던 속초! 추위를 피하기 위해 입은 롱패딩과 오랜만에 해본 와인색 염색

▲ 친구 죄니의 집들이날 밤에 입은 곰돌이 파자마. 친구들의 반응이 싸늘했다.

▲ 유튜브 영상 촬영날 입은 언니의 스트라이프 티셔츠와 작업실의 대형 꽃 조형물

6 캐릭터 설정표 작성하기

캐릭터의 모든 정보를 담은 설정표를 작성해보세요. 캐릭터의 특징과 스타일을 자세히 정의해두면 만화를 그릴 때 캐릭터의 사고와 정체성을 표현하는 것이 훨씬 더 쉽고 편해집니다. 주인공 캐릭터가 '나 자신'이라면 나의 실제 모습에 기반한 설정을 작성하면 됩니다.

캐릭터 설정표	
이름	난희
성별	여성
나이	25세
직업	프리랜서 만화가
생일	4월 11일
특징	눈썹이 아치형으로 삐쭉하게 서 있음 / 무표정의 미소가 삼각형 모양임
인생관	착한 사람이 이긴다
성격	모두에게 친절함 / 즐겁고 재미있음 / 생각이 많고 걱정도 많음 / 외향적 / 낯가림 없이 누구나 금방 친해짐 / 상처를 잘 받고 장난을 잘 못 받아들임
MBTI	ENFP 스파크형
장점	1. 진취적이며 목표한 것은 반드시 이뤄냄 2. 사람들을 즐겁게 하는 재미있고 유쾌한 성격 3. 정보가 많고 설명을 잘 해서 옆에 있으면 도움을 줌
단점	1. 건강이 나빠서 자주 아픔 2. 타인과의 비교를 통해 열등감을 많이 얻음 3. 물건을 잘 잃어버림
좋아하는 것	간장게장 / 짬뽕 / 커리 / 채소구이 / 잠
취미 / 특기	춤 / 코딩 / 영상 편집 / 이야기 만들기

▲ 완성된 캐릭터 설정표

나의 실제 모습에 기반하거나 하고자 하는 이야기에 어울리는 캐릭터에 대한 설정을 정해보세요.

나의 캐릭터 설정표 캐릭터의 이름 ( )	
이름	
성별	
나이	
직업	
생일	
특징	
인생관	
성격	
MBTI	
장점	
단점	
좋아하는 것	
취미 / 특기	

▲ 캐릭터 설정표 예시

만화 시나리오와 콘티 구성하기

1 흥미로운 소재 찾기

❶ 나의 일상 속에서 소재 발굴하기

직접 경험했던 일들을 만화로 생생하게 표현해보세요. 대학생활에 관한 이야기, 직장생활에 대한 이야기, 연애를 하면서 일어난 재미있는 일들 등 나의 일상에서 일어났던 상황들을 글로 적어봅니다. 일상에서 일어나는 일들이기 때문에 많은 사람들이 쉽게 이해하고 공감할 수 있습니다. 글로 내용을 적어보고 나면 처음에 생각했던 것보다 재미가 없을 수도 있습니다. 재미가 우선순위는 아니지만 쓰면서도 '이거 괜찮은데?'라고 생각되는 시나리오가 분명 있을 것입니다. 그런 시나리오에 연출과 효과를 더하면 실감나는 한 편의 일상툰이 완성됩니다.

❷ 트렌드나 이슈에 대한 생각을 만화로 정리하기

포털 사이트의 실시간 검색 순위가 매시간 빠르게 바뀌는 것처럼, 현대 사회의 트렌드와 이슈들 또한 빠르고 순식간에 지나가곤 합니다. 일상 SNS 웹툰 작업을 하기 위해서는 이러한 트렌드와 이슈들을 잘 파악하고 분석할 줄 알아야 합니다. 분석한 내용들을 만화에 그대로 여과 없이 담아내기보다는 수많은 검증과 논란 여부를 검토해본 후 올리는 것이 필수입니다. 핫한 트렌드를 캐치하는 가장 쉬운 방법 두 가지를 알려드리겠습니다.

첫째, 미디어/뉴스 관련 SNS 채널을 구독하는 것입니다. 신문과 뉴스보다 더욱 빠르고 간단히 실시간 뉴스를 전달하는 언론사 SNS 채널이 많아졌습니다. 이런 뉴스 채널을 구독하면 놓쳤던 사회 문제와 이슈들을 빠르게 확인할 수 있고, 댓글을 통해 사람들의 반응도 살펴볼 수 있게 됩니다. 또한 전문성을 가진 에디터들의 글을 읽는 것도 큰 도움이 됩니다. 최근에는 브런치와 같은 플랫폼에 양질의 글과 정보들이 넘치기 때문에 한 번쯤 방문해 보는 것을 추천합니다. 이들의 정보를 1차적으로 입수한 후, 2차적으로는 더욱 자세하고 심화된 자료 조사를 하여 정확한 정보를 받아들이도록 합니다. 관련 분석 기사나 논문 자료를 확인하는 것도 좋습니다.

둘째, 인터넷 커뮤니티 사이트의 인기 글을 살피는 것입니다. 트렌드와 이슈가 가장 빠르게 오고가는 공간이 인터넷 커뮤니티입니다. 각 커뮤니티 사이트에는 인기 글을 정리한 공간이 있습니다. 인기 글을 정독하면 지금 사람들에게 가장 화제가 되는 것이 무엇인지 알아낼 수 있습니다. 하지만 불필요한 정보를 습득하는 경우가 많고, 커뮤니티의 성향과 분위기에 따라 주관이 약해질 수 있기 때문에 타인의 생각과 나의 생각을 분리하는 것이 중요합니다.

2 만화 시나리오 작성하기

❶ 아이디어 노트 정리하기

시나리오를 쓰기 전에 아이디어 노트를 정리하는 것이 좋습니다. 제목, 주제, 내용, 타깃을 설정하는 것입니다. 왜냐하면 아무런 생각을 정해놓지 않고 그리기를 시작하면 방향성을 잃고 헤매는 시간이 늘어나기 때문입니다. 가장 중요한 제목, 주제, 내용, 타깃. 이 4가지만 정해놓는다면 빠른 시간 이내에 10~20컷 이내의 에피소드 형식의 만화를 제작할 수 있습니다. 모두가 타깃인 콘텐츠는 정확한 타깃이 없다는 것과 같은 의미로 작용됩니다. 특정 집단 혹은 연령대과 취미 등으로 세분화하여 타깃을 하나 이상 설정하는 것이 중요합니다.

제목: 남자들의 소울푸드

주제: 남자들이 돈까스와 제육덮밥에 열광하는 이유가 궁금하다!

내용: 주인공 난희가 주변 남사친들을 보며 의문을 품는다. '도대체 왜 밥을 먹으려고 하면 남자들은 무조건 돈까스 아니면 제육덮밥만 시키는 걸까…?' 동기와 후배들 모두가 이유 없이 그저 돈까스와 제육덮밥을 시키는 모습을 보고 계속 의문을 품는 것으로 만화는 끝이 난다.

타깃: 20대 남성

❷ 시나리오 작성

가벼운 10~20컷 이내의 시나리오 작성 방법을 소개합니다. SNS 웹툰의 시나리오는 영화나 일반 웹툰 시나리오와 다르게 정해진 규칙이 크게 없으며 작가별로 쓰는 스타일이 모두 다릅니다. 제가 자주 사용하는 간편한 시나리오 형식을 소개해드리도록 하겠습니다.

10컷 안에 들어갈 대사들을 정리하여 텍스트 콘티로 만드는 것으로 만화로 작업할 때 편하도록 메모장이나 핸드폰 메모 앱에 작성하면 됩니다.

	대학생만화 〈남자들의 소울푸드〉편 시나리오
내용	**#1.** 난희식 시나리오 작성법 1: 페이지는 #1, #2...로 구분 난희식 시나리오 작성법 2: 인물의 움직임이나 반응의 형태는 소괄호( )로 작성 난희: 넌 뭐 먹을 거야? (메뉴판을 들고 지원을 바라보며.) 지원: (아무 고민 없이) 돈가스!! **#2.** (난희 경악스러운 표정을 지으며) 난희: 맨날 돈가스만 먹냐? 어제도 먹었잖아 혹시 돈가스 중독 아녀..? **#3.** 지원: (손을 모으며 돈가스를 상상함) 돈가스는 남자들의 〈소울푸드〉이기 때문이지… 난희: . . . . . ? (어이가 없어서 땀을 흘리는 뒷모습) **#4.** 난희식 시나리오 작성법 3: 나레이션은 대괄호[ ]로 작성 난희: [그러고보니 내 주변의 남자들도 돈가스만 먹곤 했다…] 난희식 시나리오 작성법 4: 캐릭터의 생각 말풍선은 작은 따옴표('')로 작성 '돈가스가 남자 몸에 좋나..?' (14 동기, 사촌동생, 언니 남친, 동창도 돈가스를 먹는 장면이 난희의 뒤에 펼쳐짐) **#5.** 〈다음날〉 난희: 너희 뭐 먹을 거야? 동기1: 제육덮밥!!! 동기2: 저도!!

	#6. 난희: (아까와 같이 경악하는 표정) 에? 너희 그제도 제육덮밥 시켰잖아!! 종류도 많은데 하필 제육..? 제육 중독 아냐? **#7.** 동기1: 제육덮밥은 남자들의 〈소울푸드〉이기 때문이지… 동기2: 제육은 곧 진리다.. 제멘.. (동기1과 동기2의 머리 위로 제육덮밥의 모습이 신처럼 떠오르는 것이 보인다.) **#8.** 난희: [또 생각해보니 내 주변의 남자들도 제육덮밥을 질리도록 먹곤 했다…] '그냥 고기면 다 좋아하는 건가?' (제육덮밥을 좋아하는 주변 친구들과 가족들 친척들의 모습이 그려진다.)
내용	**#9.** (우주 배경이 나오고 돈가스와 제육덮밥이 보여진다. 뭔가 골똘히 고민하는 것이 느껴지도록 몽환적으로 표현할 것) 난희: [남자들이 돈가스와 제육덮밥을 좋아하는 이유는 무엇 때문일까…?] [고기라서..? 열량이 높아서? 양이 많아서..?] [도대체 왜 —?] **#10.** 난희: [아직까지 그 이유를 알아내진 못했다…] 제육 2개랑 떡만두국 하나요! (난희가 전화로 주문을 하는 장면과 함께 만화는 끝난다. 오른쪽 하단에 '대학생만화' 로고를 배치한다.)

미리 대사나 캐릭터의 행동과 같은 부분들을 미리 정해놓지 않으면 실제 만화로 그릴 때 처음 생각했던 것과 다른 연출로 제작될 수 있습니다. 시나리오는 본인이 구별할 수 있을 정도로만 정리해두어도 좋습니다. 또 글로 써보면 재미가 있는지 미리 파악할 수 있기 때문에 시나리오를 작성한 후 콘텐츠의 형태를 생생하게 잡아보세요.

3 만화 콘티 그리기

콘티란 영상이나 만화와 같은 창작물을 제작하기 전에 연출과 형태를 미리 잡아두는 1차적인 스케치로, 전체적인 작업을 시작하기 전에 꼭 거쳐야 하는 단계라고 할 수 있겠습니다. 콘티는 알아볼 수 있게 그리되 너무 높은 퀄리티로 작업을 하면 작업 전에 기운이 빠지며, 너무 대충 그리면 나중에 다시 연출을 기획해야 하는 번거로움이 생기므로 자신이 알아볼 수 있는 만큼 적당히 그리는 것이 중요합니다.

콘티에는 인물의 배치와 대사가 들어갑니다. 이 과정에서 대사를 말풍선에 직접 넣어보고 어느 정도의 비율과 크기가 필요한지 분석하는 작업도 필요합니다.

콘티를 그릴 때는 종이와 펜이 필요합니다. 아이패드나 태블릿을 통해 디지털 작업을 해도 무관하지만, 저는 수정이 잦기 때문에 꼭 종이에 콘티를 그리곤 합니다. 대사를 쓰고 그림을 그린 후 다시 수정하는 경우도 많습니다. 샤프를 사용하는 것이 좋지만 필기감이 좋은 볼펜이나 색연필로 그려도 괜찮습니다. 대신 다음 그림처럼 다소 지저분하게 그려질 수 있습니다.

▲ 놀랍게도 본인만 알아본다는 실제 1차 콘티

▲ 콘티를 통해 완성한 4컷 만화

• 대학생 만화 〈남자들의 소울푸드〉편 콘티

• 대학생 만화 〈남자들의 소울푸드〉편 완성본

▲ 페이스북 페이지에 업로드된 <남자들의 소울푸드>

▲ 웹툰을 보고 공감한 댓글들

돈가스와 제육덮밥을 좋아하는 남성들의 모습을 담은 '남자들의 소울푸드'편은 페이스북에 업로드된 후 2,100개의 좋아요와 8,000개의 댓글이 등록되었습니다. 실제로 그 음식을 선호하는 이유에 대한 댓글과 자신의 친구를 태그하며 "너도 그렇냐?"라고 묻는 댓글이 주를 이루었습니다. 또한 해당 게시물은 377,384명의 페이스북 피드에 도달되었습니다.

5 만화의 가독성 높이기

만화를 구성할 때 가장 중요한 것은 가독성입니다. 아무리 작화가 훌륭하고 스토리가 좋다고 해도, 가독성이 떨어지는 만화는 독자들에게 좋은 반응을 얻기 어렵습니다. 형태가 너무 복잡하면 내용을 이해하는 것이 어렵기 때문입니다. 컷 속의 말풍선, 집중선, 내레이션 박스 등의 객체들의 배치를 역할과 시선에 따라 알맞게 배치하는 것이 중요합니다.

❶ 말풍선 배치하기

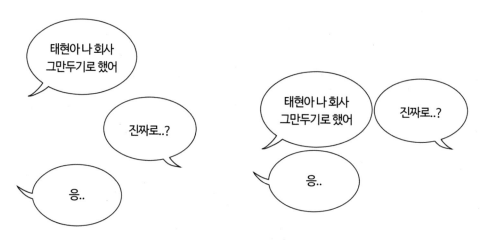

▲ 대화 순서를 알기 쉬운 말풍선 배치　　　　　　　　　▲ 대화 순서가 헷갈리는 말풍선 배치

말풍선 배치를 할 때는 캐릭터들 간의 대화 순서에 따라 위에서 아래로 배치시켜줍니다. 둘의 대화 장면에서 두 개의 말풍선이 같은 위치에 있다면 누가 먼저 말을 했는지에 대한 구분이 어렵습니다. 캐릭터가 같은 위치에 있더라도 약간의 높이 조절을 통해 시선의 흐름에 따른 순서를 정의해주는 것이 좋습니다. 또한 물결의 흐름처럼 자연스럽게 왼쪽에서 오른쪽으로 이동하는 말풍선의 배치가 읽기 편한 배치입니다.

❷ 종류별 말풍선 정의하기

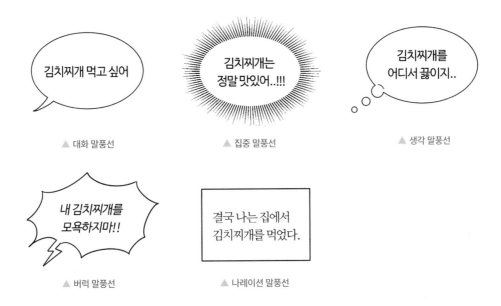

▲ 대화 말풍선　　　　　　▲ 집중 말풍선　　　　　　▲ 생각 말풍선

▲ 버럭 말풍선　　　　　　▲ 나레이션 말풍선

만화 속에 나오는 말풍선의 종류들은 다양합니다. 사람들마다 표현하는 방식도 다양하기 때문에 하나의 틀이 정해져있다고 할 수는 없습니다. 하지만 자신의 만화 속에서 나오는 말풍선들의 모양과 그 역할은 확실하게 정의되어야 합니다. 독자들이 말풍선을 혼동하여 만화의 내용을 잘못 이해할 수 있기 때문입니다. 특히 대사와 생각, 독백은 확실히 구분되도록 형태가 다른 말풍선을 사용하는 것이 좋습니다.

❸ 나의 그림체와 어울리는 폰트 설정하기

그림체와 잘 맞는 폰트를 설정하는 것도 중요합니다. 개성이 뚜렷하고 동화적인 느낌의 웹툰일 경우 폰트보다 손글씨가 더 잘 어울릴 수 있습니다. 글씨를 쓰는 작업이 너무 오래 걸리는 편이라면 폰트를 쓰는 것을 추천합니다.

❹ 폰트의 종류와 크기를 일관적으로 설정하기

한 편의 만화에서 다양한 폰트가 나오는 것은 독자들에게 혼란을 줄 수 있습니다. 한 가지의 폰트로 일관성을 주거나 각 말풍선의 형태에 따라 폰트를 구별하여 사용하는 것도 좋은 방법입니다. 대화 말풍선에는 '나눔바른고딕체'를, 나레이션과 생각 말풍선에서는 '나눔명조체'를 사용하는 것을 예시로 들 수 있겠습니다. 폰트가 4종류 이상이 나오면 혼잡하게 느껴지므로 1~3개 이내로 설정하는 것을 추천합니다. 효과로 사용되는 폰트는 가끔 나오기 때문에 종류의 제한을 두지 않아도 괜찮습니다.

❺ 자간과 행간 설정하기

보기 좋은 자간과 행간의 값은 정해져 있지 않습니다. 폰트의 종류에 따라 글씨의 간격과 높이가 각각 다르기 때문입니다. 하지만 간격이 전혀 없는 0보다는 -40~-70 정도로 자간을 설정하면 세련되어 보이고 가독성이 높아집니다. 행간은 말풍선과 글씨의 양에 따라 다르지만 보통 글씨 크기의 $4/5$ 정도를 행간으로 설정하는 것이 좋습니다.

❻ 너무 많은 괄호와 감정 표현은 자제하기

(놀람) (진지) (깜짝) 등, 괄호로 표현하는 감정의 표시는 되도록 적게 사용하는 것이 좋습니다. 좋은 만화는 이러한 의성어보다 그림 속 캐릭터의 리얼한 표정 변화와 행동, 다양한 효과선으로 감정을 전달합니다. 하지만 표정과 행동으로 표현하기 힘든 부분들이 생기기 마련이기에 그런 부분들은 시각효과가 극대화된 타이포그래피 형태의 글씨를 사용하여 조금 더 생동감 넘치는 표현을 해주는 것이 좋습니다.

❼ 선 굵기는 균일하게 유지하기

선이 얇은 그림체로 그려진 만화에 두께가 6px 정도 되는 굵은 말풍선이 들어가면 그림은 보이지 않고 말풍선에만 시선이 가게 됩니다. 선이 굵은 그림체의 만화인데 컷 테두리의 굵기가 0.5px인 경우는 캐릭터가 상대적으로 굵고 진하게 보입니다. 이렇듯 하나의 만화에서 그림의 외곽선과 말풍선의 외곽선, 만화의 테두리는 그림체와 어우러지는 균일한 굵기로 들어가는 것이 좋습니다.

SNS 웹툰 계정 만들기

1 나를 표현하는 작가명 정하기

SNS 웹툰 계정을 운영한다는 것은 나만의 독립적인 브랜드를 런칭하는 것과도 같습니다. 그렇기 때문에 작가명을 정하는 것이 가장 중요합니다. 연예인도 데뷔 전 이름이나 예명을 짓는 것에 신경쓰는 것처럼 대중들에게 다가가기 전 이름을 짓는 것은 가장 많은 시간이 소요됩니다. 사람들의 기억에 잘 남고 검색이 잘 되길 원한다면 특이한 이름으로 정하는 것이 좋습니다.

자신에게 어울리는 필명을 찾는 가장 좋은 방법은 별명이나 자신의 특색을 이용하는 것입니다. 평소 이름과 연관되었던 별명을 사용하거나 자신의 그림을 보았을 때 떠오르는 느낌이나 단어들을 합쳐서 만드는 것도 좋은 방법입니다.

작가 이름을 정했다면 그에 어울리는 SNS ID를 생성하는 것도 중요합니다. 전혀 무관한 ID를 사용하는 것보다 작가 이름이나 웹툰과 연관성이 높은 ID를 사용하는 것이 검색에도 편리하고 하나의 브랜드같은 느낌을 줍니다. 대개 작가 이름을 영어로 적은 ID를 사용합니다. 혹은 @작가이름 + toon (ex. nanheetoon) 조합도 많이 사용됩니다. 아이디를 등록하기 전 인스타그램의 검색 기능을 통해 미리 동일한 이름의 작가명이 있는지 확인해보는 것도 중요합니다.

작가 이름: 난희

주인공 캐릭터 이름: 망난희(뜻: 망나니 = 난희)

ID: @nanheemang(망난희를 영어로 적은 것, 난희망 = 희망적인 느낌이 있음)

작가 이름: 고래(실제 별명이 고래여서)

주인공 캐릭터 이름: 고래(혼동이 없도록 이름을 동일하게 지음)

ID: @goraetoon(고래툰, 고래의 만화라는 뜻)

2 SNS 웹툰 계정의 콘셉트와 장르 정하기

SNS 웹툰 계정의 콘셉트는 매우 중요합니다. 계정을 하나로 아우르는 테마가 있어야 합니다.

자신의 일상과 일화 / 특정 취미(운동, 요리 등) / 대학생활 / 직장생활 / 취준생활 / 프리랜서의 삶 / 지망생의 삶 / 주부의 삶 등 하나의 테마가 정해져있으면 그에 알맞은 팔로워들이 생겨나고 구독을 합니다.

꼭 하나의 내용만 다루지 않아도 좋으니 나의 작품을 포용할 수 있는 커다란 테마 혹은 카테고리를 정해놓고 계정에 명시해야 합니다. 이러한 카테고리를 명시할 수 있는 가장 좋은 공간은 프로필란(bio)입니다. 프로필란에 자신이 시작할 SNS 웹툰의 콘셉트 혹은 방향성을 제시하는 것이 좋습니다. 프로필 소개란에는 나를 표현하는 키워드와 메시지를 3줄 이내로 간결하게 담아주는 것이 중요합니다.

예를 들어 수영이 테마라면 수영과 관련된 해시태그를 걸어두는 것도 좋습니다. 정의되어 있는 해시태그를 통해 계정의 방향성을 한 번에 확인할 수 있습니다.

수영하는 지연의 #수영일기

매주 수요일 업로드됩니다.

#수영 #일상툰 #인스타툰

SNS는 빠르게 보고 넘기는 스낵 컬처(snack culture: 언제 어디서나 간편히 즐길 수 있는 스낵처럼 이동시간 등 짧은 시간에도 쉽게 즐길 수 있는 문화 소비 트렌드) 기반으로 구성되어 있기 때문에, 복잡한 것보다 쉽고 간단한 것이 훨씬 잘 통합니다. 특히 인스타그램의 경우 업로드할 수 있는 이미지가 10장으로 제한되어 있기 때문에 한 번에 많은 이야기를 담는 것이 어렵기도 합니다. 그렇기 때문에 빠르게 보고 넘길 수 있는 한 컷 툰도 많은 인기를 끌곤 합니다. 10컷 이상의 이미지를 업로드할 수 있는 페이스북에서도 많은 이야기가 담긴 30컷의 만화보다 한 번에 큰 인상을 주는 한 컷툰의 좋아요 수가 훨씬 높게 기록되기도 합니다.

▲ 한 컷툰 '요즘 드는 생각'

'요즘 드는 생각.'이라는 제목의 한 컷툰입니다. 주인공 난희가 '아무것도 하지 않고 불로소득을 얻고 싶다.' 라는 생각을 하고, 천 원 위에 누워서 멍한 표정을 짓고 있습니다. 큰일이나 업적을 이루지 않고 가만히 있어도 돈이 들어오는 부자들을 동경하는 것입니다. 고된 노동을 해야만 수익을 얻을 수 있는 현대인들이 공감할 수밖에 없는 한 컷툰이라고 할 수 있습니다.

▲ 두 컷툰 '대학교 4학년의 마인드'

'대학교 4학년의 마인드' 라는 제목의 만화입니다. 한 장에 두 컷이 들어가있는 형식이어서 스크롤을 넘기지 않고 한 번에 볼 수 있습니다. 대학교 4학년 최고 학점을 찍겠다고 다짐하는 학기 초의 모습과 막학기 끝물에 모든 것을 포기한 듯한 모습을 한눈에 보이도록 배치되어 대비의 재미가 잘 표현됩니다.

이처럼 일반 웹툰에서는 많이 표현되지 않는 한 컷, 혹은 분할된 한 컷의 형식으로 자유롭게 만화를 그릴 수 있다는 점이 SNS 웹툰의 매력이라고 할 수 있습니다.

4 인스타그램의 해시태그, 많을수록 독이 된다?

인스타그램은 해시태그를 통해 게시물을 외부로 노출시킬 수 있습니다. 그렇기 때문에 유저들은 해시태그가 많을수록 더욱 많이 노출될 것이라 기대하고, 무분별한 해시태그를 사용하곤 합니다. 하지만 이는 긍정적인 효과보다는 부정적인 효과를 일으키곤 합니다. 인스타그램에서는 광고 목적으로 지속적인 게시물을 올리는 것을 막기 위해 일정 계정의 노출은 검색 결과에서 누락시키는 알고리즘을 적용하고 있습니다. 이것을 '쉐도우 밴'이라고 합니다.

쉐도우 밴이란 해시태그를 아무리 기입해도 해시태그를 눌렀을 때 전체 사용자의 게시글에 자신의 콘텐츠가 노출되지 않는 현상을 뜻합니다. 딱히 불순한 광고를 목적으로 게시물을 올린 것이 아닌데 이러한 문제가 생겨버리면 작가들은 당황할 수밖에 없습니다. 이러한 현상은 짧게는 2주, 길게는 몇 달까지도 고쳐지지 않는다고 합니다. 대부분 시간이 걸리면 해결되기 때문에 기다리는 것이 제일 좋지만 해당 문제를 그냥 방치하지 말고 다음의 해결 방안을 참고하여 인스타그램 측에 신고하는 것도 좋습니다.

▲ 해시태그가 많아 누락된 경우를 보여주는 해시태그 누락

❶ 인스타그램 쉐도우 밴 현상 해결 방법

- [옵션] > [문제신고] > [기능이 작동하지 않음]으로 들어간 후 하루에 한 번씩 신고하기(신고 내용은 영문으로 작성하는 것이 좋음)
- 좋아요/lfl/맞팔/선팔 등의 인기 해시태그 최대한 쓰지 않기
- 전체 게시물 내의 해시태그 지우기
- 증상 일어나는 동안은 게시글 업로드하지 않기
- 계정 하루 정도 비공개 처리하기
- 게시글마다 반복되는 해시태그 자주 복사하여 올리지 않기
- 팔로워, 좋아요를 인위적으로 올려주는 사이트 사용하지 않기(팔로워가 급작스럽게 증가하면 계정이 정지되거나 쉐도우밴 처리될 수 있음)

❷ 인스타그램 해시태그 올바르게 사용하는 방법

- 해시태그는 최대한 20개 이내로 정말 필요한 것만 사용하기
- 그림 관련 해시태그를 제외한 일반 계정들의 인기 해시태그(#일상 #데일리 #lfl 등..)는 업로드 시 많이 사용하지 않기
- 타깃이 되는 유저들을 위한 해시태그를 사용하기(#PT첫날 #수영시작 #운동시작 등..)
- 자신의 만화 제목이나 작가명에 관한 해시태그를 사용하여 유저들이 편하게 모아 볼 수 있도록 하기(#난희만화 #PT받는만화 등)

❶ 공감 더하기

▲ 난희 만화 '친구를 사귀고 싶은 만화' (2019)

일상툰이라는 단어만큼이나 공감툰이라는 말도 많이 쓰입니다. 만화를 보는 사람들이 만화 캐릭터와 캐릭터에게 일어난 상황 속에 자신을 투영해서 보는 것입니다. 일반적인 장편 웹툰의 경우는 우리와는 다른 삶을 살고 있는 주인공이 나오고, 현대가 아닌 과거나 미래의 상황 등 시대적인 상황이 연출됩니다. 그렇기 때문에 자신을 투영하기에는 다소 어려운 부분이 많지만. 일상 만화는 같은 시대를 살아가는 한 사람으로서 쉽게 공감 포인트를 찾을 수 있고, 나이대가 비슷한 작가의 일상을 보면 자신과 비슷하다는 생각을 하곤 합니다. 그래서 콘텐츠를 보며 자신과 비슷한 상황에 처한 작가들에게 공감하고 반응하는 유저들이 굉장히 많습니다. 특히 취준, 연애, 입시, 직장에서의 갈등, 불안감, 인간관계 등 살아가면서 한 번쯤은 겪는 상황들에 대해서는 쉽게 몰입하고 공감하며 댓글이나 공유를 통해 반응을 보이기도 합니다.

난희 만화 중 얼마 전 업로드된 '친구를 사귀고 싶은 만화'는 예상외로 굉장히 핫한 반응을 얻었습니다. 사실 저는 저만 친구가 없는 줄 알았습니다. 20대 중반의 유저들이 "저도 친구가 없어요.", "와~ 저만 친구 없는 줄 알았어요."라고 반응할 것이라고는 전혀 예상하지 못했습니다. 그런데 실제로 10대들의 대표적인 고민이 "친구랑 안 맞아서 고민이예요."라면 20대들의 고민은 "싸울 친구도 없어서 외로워요."라고 할 정도로 친구와 인간관계 문제는 공통의 문제이자 해결해야 할 이슈로 통하고 있었습니다.

▲ 난희 만화 '친구를 사귀고 싶은 만화'

언제나 친구와 함께인 학창시절과는 다르게 대학교 졸업 이후에는 강제적인 인간관계의 틀이 사라집니다. 회사를 다니는 직장인도 직장 외의 친구를 사귈 시간을 내기 어렵고 프리랜서는 클라이언트와의 미팅이 아닌 이상 새로운 사람을 만나는 것이 굉장히 힘듭니다. 소모임이나 동호회에 들어갈 수도 있지만 그 중에서 마음이 맞는 친구를 찾는 것은 똑같이 어렵게 느껴집니다. 친구가 없으면 그 사람에게 문제가 있다고 판단하는 한국 특유의 사회적 문화가 있기 때문에 "저는 친구가 없어요."라고 말하는 것은 부끄럽게 느껴질 수 있고 자신있게 말하기 어렵습니다. 이 만화는 그러한 사람들의 감성을 자극했고, 누군가에게는 '나만 친구 없는 게 아니었잖아?'라는 위로감을 안겨주었을 것입니다. 이렇듯 심리를 자극하는 공감 콘텐츠는 기대 이상의 효과적인 반응을 이루어낼 수 있습니다.

공감은 어떻게 보면 치트키라고 할 수 있습니다. 소비자의 니즈를 파악해서 마케팅 광고를 하는 것처럼 사람들이 어떤 얘기에 많이 반응할지 파악해서 만화로 표현하면 그만큼의 반응이 따르기 때문입니다. 물론 공감 요소를 파악하고 예측하는 것은 쉬운 작업이 아닙니다. 너무 흔한 공감 요소는 진부하게 느껴지고, 너무 마이너한 공감 요소는 교집합의 상태인 사람들만 공감하기 때문에 타인들은 재미나 위안을 느끼지 못합니다. 사람들이 많이 공감하는 소재를 찾기 위해서는 정확한 타깃을 정한 후, 그들의 핫한 트렌드와 타이밍을 파악하는 것이 가장 중요합니다. 대학생들의 시험기간인 4월 중순과 6월 중순에는 시험에 관한 만화가 올라가면 큰 반응을 얻습니다. 하지만 그 이후에 시험에 관한 만화가 올라가면 현재가 아닌 회상의 단계로 진입하기 때문에 바로 효과적인 반응을 얻을 순 없습니다. 유행어나 유행하는 짤방을 응용한 콘텐츠의 경우도 그 유행어가 인기를 끌고 있는 시즌에만 반응이 있을 뿐, 시간이 지나고 나서 사용하는 것은 되려 촌스럽게 보일 수 있습니다.

가장 이슈가 되는 주제를 다루는 것도 좋습니다. 하지만 그 이슈에 대한 주관이 애매한 상황에서 잘못 건드리면 오히려 부정적인 반응을 얻어낼 수도 있습니다. 특정 문제에 대해 접근하고 콘텐츠로 풀어내려면 수박 겉핥기식이 되어서는 안 됩니다. 무엇이든지 콘텐츠로 다루기 전에 그 분야에 대한 공부가 필요한 법입니다.

또한 대놓고 공감을 유도하는 평범한 만화는 유저들이 크게 반응을 보이지 않습니다. 흔하고 진부하고 단순해보이기 때문입니다. 예를 들면 '대학생들이 많이 하는 말 BEST 5'와 같은 콘텐츠를 예로 들 수 있겠습니다. 오히려 남들이 잘 말하지 않지만, 사실은 많은 사람들이 고민하고 직면하고 있는 문제에 대해 언급하는 콘텐츠 혹은 일방적인 공감이 아닌 특정 상황에 대해 세심한 감정변화를 표현한 콘텐츠, 문제에 대한 해결 방안이 제시된 콘텐츠가 더욱 효과적인 반응을 이끌 수 있습니다.

❷ 성실하게 업로드하기

주인이 매일 새로운 과자를 만들어서 매일 달콤한 냄새를 풍기는 A과자점이 있고, 2주에 한 번씩 하고 싶을 때만 장사를 하는 B과자점이 있다면 사람들은 어떤 과자점에 가게 될까요? 당연히 처음 언급한 A과자점에 많이 갈 것입니다. 여기서 우리는 성실함, 꾸준함이 모든 성과에 기본이 된다는 것을 알 수 있습니다. SNS 계정도 똑같습니다. 유저들은 항상 성실히, 꾸준하게 신선한 콘텐츠를 만드는 작가를 구독합니다. 가장 마지막에 올린 콘텐츠의 업로드 날짜를 보고 이 사람이 자주 올리는 사람인지, 가끔 올리는 사람인지 파악하기도 합니다.

하지만 SNS 웹툰을 연재한다고 해서 꼬박꼬박 고료가 들어오는 것은 아닙니다. 누군가가 돈을 주지는 않지만 애석하게도 계속적으로 열심히 해야 반응이 오고 외주도 들어옵니다. 사실 생업과 병행하면서 꾸준히 높은 퀄리티로 만화를 연재한다는 것은 정말 힘든 일입니다. 만화를 그리는 시간은 적어도 4~10시간까지도 걸리기 때문에 나의 일상에 큰 영향을 줄 만큼의 높은 퀄리티로 그리기보다, 나의 일상에 큰 영향을 주지 않을 만큼의 적절한 분량과 퀄리티로 업데이트를 하는 것을 추천합니다.

초기에 수익을 생각하고 연재를 시작할 수는 없지만 미래를 본다고 생각하며 주 1회 정도는 꾸준히 업로드하는 것이 좋습니다. 혹은 시간적 여유와 속도가 받쳐준다면 주 2회도 좋습니다 (*팔로워를 효과적으로 모으고 싶을 경우에 해당). 만약 업로드의 주기를 규칙적으로 맞출 수 있다면 프로필 설명에 '매주 화요일 연재'라는 연재 주기에 관한 문구를 적어두는 것도 좋습니다. 하지만 그러한 주기를 맞추기 어렵다면 처음부터 적어두지 않은 것이 좋습니다.

❸ 적절한 검열과정 거치기

인터넷에는 정말 다양한 종류의 사람들이 살고 있습니다. 의도와 다르게 해석을 하는 사람이 존재하는 것은 기본이며, 악의적으로 받아들인 후 무차별적으로 공격을 하는 사람도 많습니다. 인터넷에 자신을 노출한다는 것은 어찌 보면 정말 위험한 일이기도 합니다. 안전한 공간에서 나와 비슷한 사람들만 만나는 편안한 생활을 하다가, 아무런 여과 과정을 거치지 않는 다양한 사람들의 바다 속에 자신을 풍덩 떨어뜨리는 것과 같기 때문입니다.

그래서 인터넷상에 자신에 대한 콘텐츠를 기재할 때에는 작업 과정에서의 심도 있는 검열이 필요합니다. 최대한 문제가 되지 않는 부분을 노출시키는 것입니다. 이는 콘텐츠 창작자를 보호할 수 있는 방법이자 예상치 못한 이슈를 만들지 않는 약간의 노하우입니다. 사람들은 만화 속의 작은 요소 하나에도 의미 부여를 합니다. 또한 해석도 다양합니다. 분명 A라고 표현한 것을 B로 받아들이는 사람이 생길 수 있다는 것입니다. 최대한 많은 경우의 수를 생각해서 콘텐츠를 제작해야 합니다. 또한 내가 기획한 이 콘텐츠가 누군가의 기분을 상하게 할 수 있는지의 여부를 무조건 생각하고 그려야 합니다. 약자혐오나 비도덕적인 행동을 담은 콘텐츠는 만들지 말아야 합니다. 만화를 기획할 때 주변인들에게 한 번쯤 기획 내용에 대한 검수를 받는 것도 좋습니다. 자신이 생각하지 못했던 문제들을 찾을 수도 있기 때문입니다.

❹ 좋은 이야기 선별하기

가장 많이 고민하는 부분일 것입니다. 사람들이 어떤 이야기를 좋아할지에 대한 부분입니다. 그런데 우리가 이 고민을 하기 전에 망각해서는 안 되는 사실이 있습니다. 세상 사람들이 다 같은 것을 좋아하지 않는다는 것입니다. 그리고 모두가 좋아한다고 해서 그 이야기가 꼭 대박이 나는 것도 아닙니다. 치킨 소재의 만화를 그린다고 매일 반응이 폭발적일 수는 없을 것입니다.

선별 작업이 어렵다면 지인들의 도움을 받는 것도 좋은 방법입니다. 여러분이 생각한 소재나 내용들을 기록한 뒤, 지인들에게 보여주며 어떤 것을 그리는 게 좋을지 물어보는 것입니다. 사람들에게 물어보는 것이 혼자 생각하는 것보다 훨씬 좋은 결과를 이뤄내곤 합니다. 내 생각에 갇혀있다 보면 어떤 것이 좋은지 파악하기 힘들어질 수 있기 때문입니다. 또한 자신이 발견하지 못했던 이야기 속 문제점을 파악할 수 있기도 합니다. 간혹 소재 선정이나 내용 연출에서 고민이 될 때에는 혼자 끙끙 앓기보다는 지인, 친구, 가족들의 도움을 받아보길 바랍니다.

❺ 좋은 해시태그 사용하기

다음은 인스타툰을 업로드했을 때 노출이 잘 되는 해시태그 7가지입니다. 해당 해시태그를 팔로우하고 있는 유저들의 피드에 노출될 확률과 인스타툰 작가를 팔로우하고 있는 유저의 탐색 탭에 노출될 확률이 높아집니다.

#인스타툰 #만화 #일상 #drawings #doodle #일상툰 #그림일기

해당 해시태그와 함께, 여러분의 만화 속 주제가 되는 소재들을 해시태그로 추가하는 것도 좋습니다. 예를 들어 첫 자취생활에 관한 내용의 만화를 그려서 올렸다면 다음과 같은 해시태그를 함께 입력하는 것입니다.

#인스타툰 #만화 #일상 #drawings #doodle #일상툰 #그림일기
#자취 #자취생

해시태그를 10개 이상으로 사용하는 것은 추천하지 않습니다. 나의 게시물 특성(인스타툰) + 일반인들에게 자주 노출되는 해시태그(일상) + 나의 게시물의 주제(자취) 이렇게 크게 3가지의 해시태그를 함께 섞어서 사용해주는 것이 좋습니다.

STEP 4
웹툰 제작에 필요한 도구 알아보기

1 판 태블릿

SNS 웹툰을 그리기 위한 기본적인 장비로는 컴퓨터와 태블릿 조합이라고 생각합니다. 태블릿은 와 콤사의 태블릿을 기준으로 5만 원선부터 주문이 가능합니다. 보통 많은 만화가들이 판 태블릿으로 많이 시작합니다.

▲ 판 태블릿

판 태블릿은 디지털 일러스트 작업을 위한 컴퓨터 입력장치로, 납작한 판의 형태를 띄고 있습니다. 판에서 지정된 영역에 태블릿 펜으로 그림을 그리면 컴퓨터 화면에 그림이 똑같이 그려집니다. 컴퓨터에 USB로 연결하거나 블루투스를 연결하여 사용할 수 있습니다. 얼굴은 컴퓨터 모니터 화면을 보고, 손목은 판 태블릿에 고정하여 그림을 그리는 방식입니다. 무게가 가볍고, 손목

이동 영역이 적어 작업 시간을 줄일 수 있습니다. 또한 작은 사이즈의 판 태블릿을 사용하면 휴대가 간편합니다. 하지만 화면에 직접 그리는 것이 아니기 때문에 초기 사용을 할 때에는 많은 연습이 필요합니다. 적응만 된다면 다양한 작품 활동을 할 수 있습니다.

초반에는 연습용으로 작은 사이즈를 많이 구매합니다. 보통 와콤의 인튜어스 소형 CTL-4100 모델과 와콤 One by Wacom 소형 CTL-472 모델을 입문용으로 많이 구매합니다. 하지만 큰 사이즈의 일러스트를 그린다거나 큰 배경의 세밀한 웹툰을 그릴 때에는 더욱 큰 전문가용 사이즈의 모델을 사용하는 것도 좋은 방법입니다. 인터넷의 설명을 보고 구매하는 것보다 오프라인 매장에서 직접 체험을 해보고 구매하는 것을 추천합니다.

입문용 판 태블릿 제품은 다음과 같습니다. 작은 사이즈의 작업 영역을 가지고 있지만, 간단한 만화 작업에는 무리가 없어 입문자용으로 추천하는 제품들입니다.

와콤 인튜어스 소형(CTL-4100/K0-CX)	One by Wacom 소형(CTL-472/K0-CX)

〈 제품 사양 〉 • 제품 크기: 200×160×8.8mm(W×D×H) • 작업 영역: 152×95mm(6.0×3.7 인치) • 무게: 230g • 색상: 블랙 • 익스프레스키: 4개(사용자 설정 가능) • 무선 블루투스: 미지원 • 멀티 터치: 지원 안함 • 압력 감지 레벨: 최대 4,096 레벨 • 펜: Wacom Pen 4K(11.2g, 3개 펜촉 포함) 무선 · 무건전지 펜	〈 제품 사양 〉 • 제품 크기: 210×146×8.7mm(W×D×H) • 작업영역: 152×95mm(W×D) • 무게: 250g • 색상: 블랙&레드 • 익스프레스키: 미지원 • 무선 블루투스: 미지원 • 멀티 터치: 미지원 • 압력 감지 레벨: 2,048 레벨 • 펜: 무선 · 무건전지 펜

▲ 액정 태블릿

액정 태블릿은 디지털 일러스트 작업을 위한 입력장치이며, 최근에는 운영체제(Windows)가 탑재된 제품들도 많이 나오고 있습니다. 화면에 직접 그림을 그릴 수 있어 편리하지만 가격이 비싸다는 단점이 있습니다. 다수의 웹툰작가들이 액정 태블릿을 사용합니다.

화면을 보고 커서를 조절해야 하는 판 태블릿과는 다르게, 직접 화면에 펜을 대고 그리다 보니 선을 잘못 그리는 일이 적고, 적응이 쉽습니다. 무게는 판 태블릿에 비해 많이 나가는 편이며 액정을 계속 보면서 세밀한 작업을 하다 보니 눈의 피로감이 높아집니다.

입문용으로는 와콤의 신티크 13HD를 많이 사용하며, 최근 보급형이라고 하는 73만 원대의 Wacom Cintiq 16 DTK-1660 모델이 등장하기도 하였습니다. 조금 더 큰 화면, 높은 해상도에서 넓직하게 그리고 싶다면 큰 사이즈의 Wacom Cintiq Pro 모델을 구매하는 것이 좋고, 이동이 편리하며 운영체제가 탑재된 모델을 원한다면 Wacom Mobile Studio Pro 시리즈의 모델을 사용하는 것도 좋습니다. 액정 태블릿 또한 오프라인 매장에서 직접 체험을 해보고 구매하는 것이 좋습니다.

와콤 신티크(Wacom Cintiq 16 (DTK-1660))	와콤 신티크 프로 (Wacom Cintiq Pro 24 (DTK-2420/K1-CX))	와콤 모바일스튜디오 프로(Wacom MobileStudio Pro 16 i5 256GB (DTH-W1620M/ K0-KX))

〈제품 사양〉 • 제품 크기: 422×285×24.5mm(16.6×11.2×1.0 in) • 무게: 1.9kg • 화면 크기: 39.6cm(15.6") 16:9 비율 • 작업 영역: 344×194mm • 해상도: 최대 1,920×1,080 Full HD • 색상: 1,670만 컬러(8bit)	〈제품 사양〉 • 제품 크기: (W×D×H): 677mm×394mm×47mm (26.65×15.5×1.9 in) • 작업 영역: (WxD: 522mm×294 mm • 무게: 7kg(옵션 스탠드 제외) • 화면 크기 / 해상도: 59.94cm (23.인치)/4K: Ultra HD(3840×2160)	〈제품 사양〉 • 제품 크기: 15.6인치 UHD(3840×2160) • 작업 영역: 345.6×194.4mm (13.6×7.65 in) • 무게: 버전에 따른 무게가 상이 • 운영체제: Windows 10pro • 메모리: 256GB SSD / 512GB SSD

▲ 아이패드

▲ 아이패드로 작업한 그림

아이패드는 애플사에서 나온 태블릿입니다. 무게가 가벼워 휴대하기 좋고 태블릿으로 그리는 것과 유사한 퀄리티를 낼 수 있습니다. 액정 태블릿은 무게가 꽤 나가고 제품의 사이즈가 크기 때문에 카페에서 작업하기는 부담스러운 부분이 있습니다. 그래서 밖에서 작업을 할 때에는 아이패드를 휴대하여 그림을 그리는 것도 좋은 대안책이 될 수 있겠습니다.

아이패드의 드로잉용 소프트웨어로는 프로크리에이트, 메디방페인트, 클립스튜디오가 많이 사용됩니다. 특히 메디방페인트 for iPad 앱의 경우, PC에서 사용하는 대부분의 기능들을 담고 있고 클라우드 서비스를 지원하기 때문에 매우 편리하게 사용되고 있습니다. 클라우드 서비스는 무료로 제공되며 메디방페인트 앱에서 회원 가입한 후 사용할 수 있습니다. 작업 중인 그림들을 클라우드 공간에 저장하면 PC와 아이패드, 그리고 휴대폰에서도 편리하게 수정하고 저장할 수 있습니다.

아이패드 드로잉 필수템 <종이질감 액정필름>

아이패드의 액정은 그림을 그리기에는 다소 미끄럽기 때문에, 종이질감 액정 보호 필름을 구매하여 붙여서 사용하는 것을 추천드리고 싶습니다. 화면이 살짝 투박해진다는 단점이 있어, 영상을 자주 보시는 분들께서는 조금 더 고민해보시길 바랍니다.

▲ ELECOM사의 종이질감 액정보호필름(25,000원)

PART

2

SNS 웹툰
제작 툴
익히기

SNS 웹툰을 제작하려면 만화 제작 툴을 사용하여 스케치 / 선 그리기 / 채색 / 대사 작업을 해야 합니다. 이번 파트에서는 만화 전용 드로잉 툴인 메디방페인트 툴을 자세히 소개하고, 자주 사용되는 기능과 웹툰을 작업하는 과정을 담아보았습니다. 메디방페인트는 프리웨어이며 클라우드 서비스가 무료로 제공됩니다. 운영체제와 상관없이 PC–태블릿–모바일 간에도 연동이 잘 되기 때문에 이동이 잦은 분들께 강력 추천하는 프로그램입니다.

메디방페인트 살펴보기

메디방페인트는 SNS 웹툰 제작 작업에 가장 최적화된 툴입니다. 스케치, 채색, 편집, 식자 등 다양한 작업을 할 수 있으며 배경이나 패턴 등을 다운 로드하여 사용할 수도 있습니다. 또한 무료로 제공되는 프리웨어이기 때 문에 경제적 부담이 없습니다.

웹툰 제작 툴 알아보고 설치하기

1 웹툰 제작 툴 종류 알아보기

❶ 메디방페인트

▲ 메디방페인트

▲ 여러 기기에서 호환되는 메디방페인트

메디방페인트는 메디방(MediBang)이라는 기업에서 배포하는 그래픽 툴이며 무료로 배포되는 프리웨어입니다. 다양한 운영체제(Windows / Mac OS / Android / iOS)를 지원하며, 업데이트도 빠르게 이루어지고 있습니다. 아이패드 드로잉 앱 중에서 높은 점유율을 가지고 있으며, 클라우드 서비스를 이용하면 PC에서 작업한 이미지를 아이패드와 같은 모바일 디바이스에서 수정할 수 있습니다. 클라우드 서비스 또한 무료로 제공되고 있습니다.

❷ 포토샵과 클립스튜디오

포토샵	클립스튜디오
• Photoshop 단일 앱 • 월 사용료 지불	• 클립스튜디오 PAINT PRO / PAINT EX • 49.99달러 / 구매 시 평생 소장 • 219.00달러 / 구매 시 평생 소장

포토샵이나 클립스튜디오와 같은 프로그램으로 작업을 해도 되지만, 유료이기 때문에 처음 시작하는 입문자에게는 금액적인 부담이 있을 수 있어 무료 툴인 메디방페인트를 소개하겠습니다. 사이툴의 경우는 업데이트가 중단되었고 Mac OS에서는 사용이 불가능하기 때문에 기능이 거의 비슷한 메디방페인트를 추천합니다.

메디방페인트는 세로 길이가 긴 스크롤 형태의 웹툰을 작업하기에는 어려운 점이 다소 많지만 페이지 형태로 제작되는 SNS 웹툰을 그릴 때에는 훨씬 편리하고 빠르게 작업할 수 있습니다. 이 책에서는 메디방페인트를 사용하여 SNS 웹툰을 작업하는 방법을 알려드리려 합니다.

1 메디방페인트 공식 홈페이지(https://medibangpaint.com/ko/)에 접속합니다. 왼쪽 하단의 [다운로드] 버튼을 클릭하면 메디방페인트를 다운로드할 수 있는 페이지가 열립니다.

2 여기서 자신의 운영체제에 따른 메디방페인트를 다운로드합니다. 이 책에서는 Windows 64bit 컴퓨터를 사용하고 있기 때문에 첫 번째 [다운로드] 버튼을 클릭합니다.

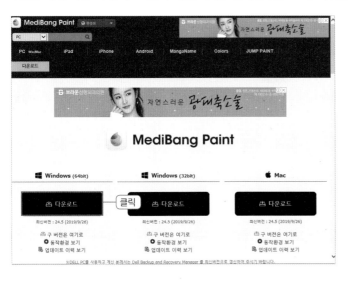

3 '파일을 실행하거나 저장하시겠습니까?'라는 알림창이 나타납니다. 여기서 [저장(S)] 버튼을 클릭합니다.

4 기다리면 메디방페인트 설치 파일에 대한 다운로드가 완료되면 바로 [실행(R)] 버튼을 클릭해서 실행시켜줍니다.

5 설치 언어를 선택하는 화면이 나타납니다. [Korean]을 선택한 후 [확인] 버튼을 클릭합니다.

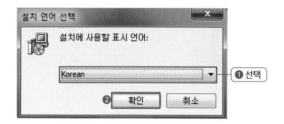

6 [설치 위치 선택] 창이 나타납니다. 원하는 위치를 설정하거나 기본 설치 경로가 나쁘지 않다면 [다음(N)>] 버튼을 클릭합니다.

7 [시작 메뉴 폴더 선택] 창이 나타납니다. 기본 설정대로 계속 하려면 [다음(N)>] 버튼을 클릭합니다. 다른 폴더를 선택하려면 [찾아보기]를 클릭해서 선택해도 됩니다.

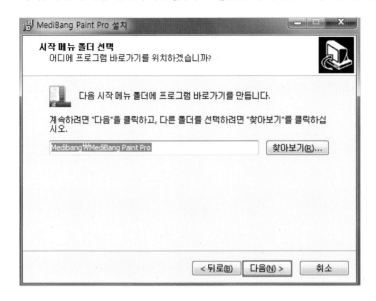

8 [추가 작업 선택] 창이 나타납니다. 바탕화면에 바로가기 아이콘을 추가하기 위해 [바탕 화면에 바로가기 만들기]에 체크합니다. 설치를 계속 하려면 [다음(N)>] 버튼을 클릭합니다.

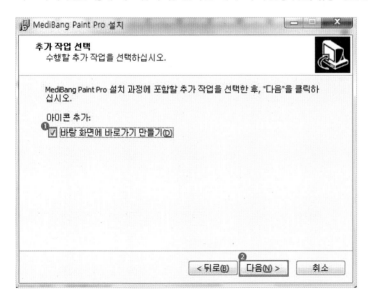

9 [설치 준비 완료] 창이 나타납니다. 설치 위치, 시작 메뉴 폴더, 추가 작업 사항을 확인하고 계속하려면 [설치(I)] 버튼을 클릭합니다.

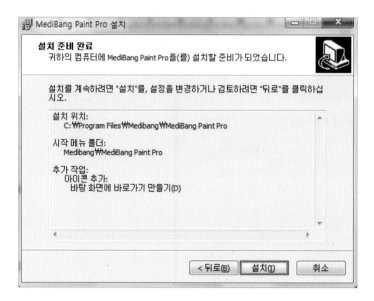

10 메디방페인트가 설치되는 것을 확인합니다.

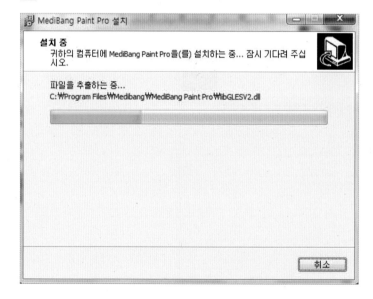

11 [MediBang Paint Pro 설치 마법사 완료] 창이 나타나면 [종료] 버튼을 클릭합니다. 이제 메디방 페인트를 사용할 수 있습니다.

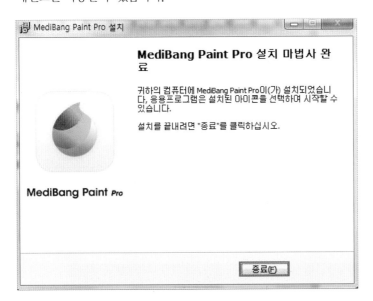

12 바탕화면에 바로가기를 만들었기 때문에 'MediBang Paint Pro'라는 이름의 아이콘이 생성됩니다. 아이콘을 더블클릭하면 메디방페인트를 사용할 수 있습니다.

STEP 2

메디방페인트 화면 둘러보기

메디방페인트를 처음 실행하면 다음과 같은 화면이 나타납니다. 화면 구조와 주요 기능들에 대해서 설명하겠습니다.

1 메디방페인트 화면 살펴보기

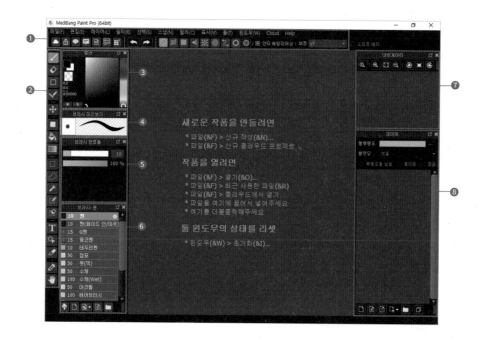

❶ **메뉴 바**: 메디방페인트 프로그램의 모든 기능들을 모아놓은 곳입니다.

❷ **툴 바**: 그림 작업에 필요한 모든 도구들이 있는 곳입니다. 브러시, 지우개, 선택 툴, 이동 툴 등 모든 도구들로 구성되어 있습니다.

❸ **컬러**: 색상을 선택하는 부분입니다.

❹ **브러시 미리보기**: 지금 선택되어 있는 브러시의 크기가 나타나는 부분입니다.

❺ **브러시 컨트롤**: 브러시의 크기와 불투명도 Ooze(까칠한 선느낌)를 조절할 수 있는 부분입니다.

❻ **브러시 패널**: 연필, 펜, G펜, 둥근펜 등 다양한 브러시가 있으며 마음대로 골라서 사용할 수 있습니다.

❼ **네비게이터**: 화면을 볼 수 있으며 화면 확대 비율 조절하기, 화면 각도 돌리기, 캔버스 좌/우 변경 등의 기능을 사용할 수 있습니다.

❽ **레이어**: 레이어를 관리하는 영역입니다. 레이어 생성 및 불투명도 조절과 블렌딩 모드 선택을 할 수 있습니다.

2 툴 바의 그림 도구들 살펴보기

이제 [툴 바]의 주요 도구들을 살펴보도록 하겠습니다. 툴 바는 사용자의 편의에 따라 1단 또는 2단으로 설정할 수 있습니다.

❶ **[브러시 툴]** 브러시 툴은 말 그대로 브러시 기능을 지닌 툴입니다. 선을 그리거나 채색을 할 때 사용할 수 있습니다. 브러시의 종류는 굉장히 다양하며 새로운 브러시를 추가하거나 다운로드해 사용할 수 있습니다.

브러시 패널 아래에서 [브러시 추가(클라우드)] 버튼을 클릭하면 로그인된 유저는 다양한 브러시를 다운로드해 사용할 수 있습니다.

 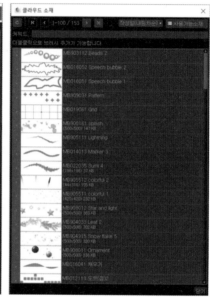

❷ **[지우개 툴]** 그림을 지울 수 있는 지우개 툴입니다. 크기 조절이 가능하며 지우개의 모양도 [브러시] 패널에서 선택할 수 있습니다.

❸ **[도형브러시 툴]** 선의 형태의 도형을 선택하여 추가할 수 있는 툴입니다. 직선, 꺾은선, 곡선, 직사각형, 타원, 다각형을 선택하여 추가할 수 있습니다.

❹ **[도트 툴]** 도트 형태의 그림을 그릴 수 있는 툴입니다.

❺ **[이동 툴]** 오브젝트를 선택하여 이동시킬 수 있는 툴입니다.

➏ **[채우기 툴]** ▢ 면의 형태로 채워진 오브젝트를 추가할 수 있는 툴입니다. 직사각형, 타원, 다각형을 추가할 수 있으며 [둥글게]와 같은 세부적인 설정이 가능합니다.

➐ **[버킷 툴]** 페인트통처럼 색상을 채울 수 있는 툴입니다. [확장]의 경우 얼마나 색상이 채워질지를 선택하는 부분입니다. 보통 1~2픽셀(pixel) 정도를 설정합니다.

➑ **[그라데이션 툴]** ▨ 그라데이션을 넣을 수 있는 툴입니다.

➒ **[선택 툴]** 직사각형의 모양으로 영역을 선택할 수 있는 툴입니다.

➓ **[Lasso Tool]** 원하는 형태로 드래그하여 영역을 선택할 수 있는 툴입니다.

⑪ **[자동 선택 툴]** 동일한 조건의 색상 영역을 선택할 수 있는 툴입니다.

⑫ **[선택 펜 툴]** 펜으로 원하는 영역을 선택하는 툴입니다. [선택 펜 툴]로 그린 후, [자동 선택 툴]을 클릭하면 펜으로 그린 부분이 선택 영역으로 변경됩니다.

⑬ **[선택 펜 지우개 툴]** [선택 펜 툴]로 선택한 부분을 지울 수 있는 툴입니다.

⑭ **[텍스트 툴]** T 텍스트를 입력할 수 있는 툴입니다. 폰트 설정, 폰트 크기, 색상, 기울기, 자간 등 다양한 설정 메뉴가 포함되어 있습니다.

⑮ **[조작 툴]** 특정 영역을 드래그할 수 있는 툴입니다.

⑯ **[분할 툴]** 컷이 설정되어 있을 경우 분할하는 툴입니다.

⑰ **[스포이드 툴]** 색상을 뽑아올 수 있는 툴입니다. 스포이드 툴을 클릭한 후, 이미지 속의 색상을 클릭하면 그 색상이 선택됩니다.

⑱ **[손바닥 툴]** 화면을 자유롭게 움직일 수 있는 툴입니다. 레이어를 건드리지 않고 이동하고 싶을 때 사용할 수 있습니다.

❶ 레이어란?

레이어(Layer)란 투명한 판과 같은 형태로, 여러 개의 판을 겹쳐서 하나의 이미지를 완성하는 것과 같습니다. 레이어를 선 레이어 / 채색 레이어 / 음영 레이어 / 말풍선 레이어 등으로 나누어서 작업하면, 다른 영역에 영향을 끼치지 않기 때문에 수정 작업을 편리하게 할 수 있습니다.

레이어를 그대로 보존한 상태로 저장하기 위해서는 .psd 형식이나 .mdp 형식의 파일로 저장해야 합니다. 다른 파일 형태로 저장할 경우 레이어가 모두 합쳐진 상태로 저장되기 때문에 세밀한 수정이 어려워집니다.

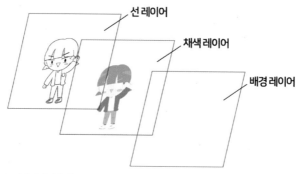

▲ 여러 판이 겹친 형태

▲ 영역 나누어 작업하는 레이어

▲ 레이어가 합쳐져 보이는 이미지

❷ 레이어의 블렌딩 모드

레이어의 블렌딩 모드를 설정하면 다양한 효과를 적용할 수 있습니다. 이런 효과들을 이용하여 웹툰 작업의 퀄리티를 높여줄 수 있습니다.

① 레이어 블렌딩 [보통]

[보통] 모드는 스케치나 선을 그릴 때 쓰는 일반적인 모드입니다.

만약 새로 추가한 레이어2의 블렌딩 모드를 [보통]으로 적용하면, 노란색 네모가 그림에 혼합되지 않고 위에 그대로 덮여집니다.

② 레이어 블렌딩 [곱셈]

[레이어2]의 블렌딩 모드를 [곱셈]으로 설정하면 [레이어1]의 그림 위로, 노란색 네모의 색이 더해집니다. 레이어가 덮히는 것이 아닌, 색상이 더해지는 것입니다. 주로 채색을 할 때 이런 방법을 사용합니다. 명암을 넣을 때도 이 방법을 사용하면 편리합니다.

▲ [곱셈] 모드가 적용된 모습

③ 레이어 블렌딩 [닷지]

[레이어2]에 에어브러시로 그림을 그린 뒤, 블렌딩 모드를 [닷지] 모드로 변경하자 머리에 빛이 나는 듯한 효과가 적용되었습니다. [닷지] 모드는 빛을 받거나 발산하는 듯한 느낌을 줍니다. 하이라이트 효과를 주거나 색감 표현을 부드럽게 하고 싶을 때 사용합니다.

▲ [닷지] 모드가 적용된 모습

④ 레이어 블렌딩 [채도]

[레이어2]의 블렌딩 모드를 [채도]로 변경하자 [레이어1]의 그림이 레이어2에 그려진 영역만큼 채도가 높아지는 것을 볼 수 있습니다. 마무리로 효과를 주거나 색감 조절을 부드럽게 해주고 싶을 때 자주 사용합니다.

▲ [채도] 모드가 적용된 모습

❸ 레이어의 클리핑 모드

레이어에는 클리핑이라는 설정이 있습니다. 클리핑이란 연결한다는 의미를 가지고 있습니다. 현재 선택된 레이어에서 클리핑 모드를 누르면 바로 아래의 레이어에 연결이 되고, 아래의 레이어에 그림이 그려진 영역만큼에만 그림을 그리거나 채색할 수 있게 됩니다.

▲ 클리핑 모드가 적용되지 않은 모습

▲ 클리핑 모드가 적용된 모습

쉽게 말하면 [레이어A]의 위에 [레이어B]를 만들어 클리핑 모드를 체크하면 [레이어A]에 그림이 그려진 영역만큼만 [레이어B]에서 그림이 적용됩니다. 이러한 클리핑 모드를 통해 채색하면 지정된 영역만큼의 채색이 가능하기 때문에 더욱 세밀한 채색이 가능하며 완성도를 높여줄 수 있습니다.

주로 피부 외곽선의 색상을 검정색에서 다른 색상으로 변경해주거나 피부나 옷 레이어에서 따로 음영 채색을 할 때 기존 영역에 영향이 가지 않도록 사용됩니다. 그 밖에도 배경 합성이나 집중선 합성과 같은 외부 이미지를 자연스럽게 넣을 때도 사용합니다.

STEP 3

메디방페인트 주요 기능 알아보기

1 소재 도구 살펴보기

메디방페인트에는 무료로 사용할 수 있는 소재들이 준비되어 있습니다. 소재란 만화 제작에 자주 사용되는 패턴 무늬, 스크린 톤, 그림, 배경 등의 소스들을 뜻합니다. 메디방페인트에서는 타일, 톤, 아이템과 같은 소재들을 무료로 다운로드해 사용할 수 있으며, 프리 소스로 제공되기 때문에 저작권에 위배되지 않고 자유롭게 사용할 수 있습니다. [메뉴 바]에서 [소재] 버튼을 클릭하면 [소재] 창이 나타납니다.

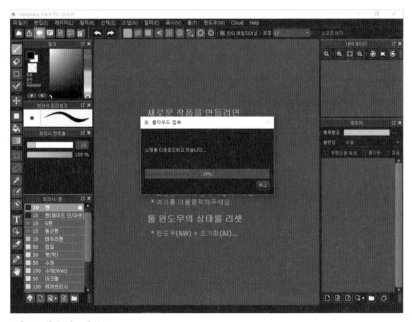

▲ [메뉴 바]에서 [소재] 버튼

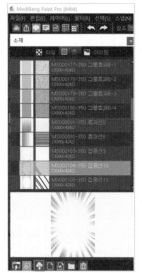
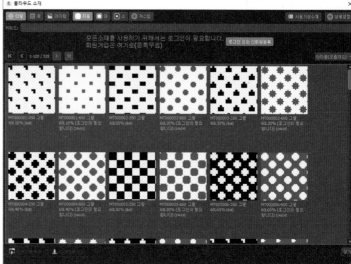

▲ [소재] 창의 [클라우드 소재]　　　▲ [클라우드 소재]

　　나타난 [소재] 창의 아래에서 구름 모양 [클라우드 소재] 아이콘을 클릭하면 메디방 페인트 클라우드에서 제공하는 다양한 소재를 다운로드하거나 캔버스에 바로 추가하는 등 자유롭게 사용할 수 있습니다. 단, 메디방페인트에 회원 가입이 되어 있고 로그인이 되어 있어야 합니다.

2 클라우드 기능 알아보기

메디방페인트의 가장 강력한 기능은 '클라우드 기능'이라고 할 수 있습니다. 클라우드 기능은 무료로 자신의 그림 파일을 인터넷 공간에 저장할 수 있는 기능이며 PC에서 모바일 기기 또는 아이패드, 다른 PC로 파일 전송이 가능하고 다른 기기에서의 파일 접근이 가능하며 수정, 저장이 가능합니다. 메디방페인트 프로그램을 열면 나오는 [medibang 클라우드 서비스] 창에서 간단한 회원 가입과 로그인을 한 후 사용할 수 있습니다.

▲ 메디방페인트 클라우드 사용을 위한 로그인 화면

　　[medibang 클라우드 서비스]-[클라우드에서 열기]를 클릭하면, 클라우드에 저장되어 있는 파일들을 열람할 수 있습니다. 주로 아이패드에서 작업한 후 클라우드에 저장하면 PC에서 해당 파일을 열어 나머지 작업을 하는 용도로 자주 쓰입니다. 메디방페인트의 클라우드 서비스를 이용하면 아이패드 → PC, PC → 아이패드로의 그림 작업이 굉장히 편리해집니다.

▲ 로그인 후 메디방페인트 클라우드　　　　　　　　▲ 메디방페인트 클라우드에 업로드된 파일 목록

❶ PC에서 메디방페인트 클라우드에 파일을 저장하는 방법

✪ **예제 파일**: 예제 및 완성 파일/Part2/Chapter1/01.psd

1 [파일]–[파일 불러오기]를 클릭하여 '01.psd' 파일을 불러옵니다. 파일이 정상적으로 열리면 메디방페인트 클라우드에 저장하기 위해 [파일]–[클라우드로 새로저장]을 클릭합니다.

2 [클라우드로 새로저장] 창이 열리면 '개인용 스페이스'를 선택한 후, 타이틀을 'UNTITLED'로 입력한 후 [확인] 버튼을 클릭합니다. 곧바로 업로드가 완료됩니다.

3 정상적으로 업로드된 것을 확인하려면 [파일]–[클라우드에서 열기]를 클릭합니다. 목록에 추가된 것을 확인할 수 있습니다.

❷ PC에서 메디방페인트 클라우드에 저장된 파일을 여는 방법

1 클라우드에 올린 파일을 열고 싶다면 [파일]–[클라우드에서 열기]를 클릭합니다.

2 [cloud파일 선택] 창이 열리며 클라우드에 업로드한 파일이 나타납니다. 여기서 더블 클릭을 하여 사용하면 됩니다.

3 클라우드에 저장된 파일이 열린 모습입니다. [cloud]라고 파일명 앞에 표시됩니다.

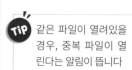 같은 파일이 열려있을 경우, 중복 파일이 열린다는 알림이 뜹니다

메디방페인트에서는 총 7가지 형식으로 파일을 저장할 수 있습니다. 각각의 형식에 대한 설명표를 적어보았습니다.

파일 형식	특징 및 설명
MediBang Paint Pro(*.mdp)	메디방페인트에서 지원하는 형식으로, 메디방페인트 프로그램에서만 열리며 모든 레이어와 효과가 그대로 저장된다. 다른 운영체제에서 파일을 연다고 하더라도 모두 호환된다. 아이패드에서도 해당 형식의 파일을 열 수 있다. 단점은 포토샵이나 클립스튜디오 같은 다른 프로그램에선 열리지 않는다는 것이다.
PNG(*.png)	비손실 압축 파일 포맷 중 하나로, 투명 배경(알파 채널)의 형태로 저장할 수 있다. 이미지 손실이 없으면서 웹상에서 GIF나 JPEG보다 화면 출력이 빠르다. 높은 압축률과 고해상도 이미지를 부드럽게 잘 표현하여 가장 효율성이 높은 포맷으로 유명하다. 페이스북이나 인스타그램과 같은 SNS 채널 업로드 시 가장 많이 사용하는 포맷이다.
JPEG(*.jpg)	이미지 파일에 흔히 사용되고 있는 포맷이다. 손실 압축 형식이지만 파일 크기가 작기 때문에 웹에서 널리 쓰인다. 압축률을 높이면 파일 크기는 작아지지만 이미지 품질은 더욱 떨어진다.
Bitmap(*.bmp)	윈도우 환경의 비트맵 데이터를 표현하고자 개발된 포맷이다. 압축을 사용하지 않는 단순한 파일 포맷으로 용량이 굉장히 크다.
PSD(*.psd)	어도비 포토샵 프로그램에서 지원하는 형식으로 레이어의 모든 효과나 설정들이 저장된다. 원본 형태로 저장되는 것이기 때문에 용량이 굉장히 크다. 하지만 메디방페인트, 클립스튜디오 등 다양한 프로그램에서 호환되기 때문에 레이어 저장용으로 많이 사용한다.
TIFF(*.tif)	JPEG와는 달리 화질의 저하가 없는(Lossless, 무손실) 압축의 최적화된 포맷이다. JPEG에 비해 파일의 크기가 훨씬 크다는 단점이 있다. 압축을 하지 않기 때문에 출판에서 사용된다.
WebP(*.webp)	구글에서 만든 이미지 포맷으로 이름처럼 웹(Web)을 위해서 만들어진 이미지 포맷이다. 구글에서 사용되는 이미지 트래픽을 최적화하기 위해 만들어졌다.

SNS 업로드 시 PNG 형식을 추천하며, 용량을 조금 줄여서 올리고 싶다면 JPEG 파일도 나쁘지 않습니다. 레이어가 남아있는 작업 원본 그대로의 파일을 저장해놓고 수정할 때 쓰고 싶다면 .MDP 파일 혹은 .PSD 파일로 저장하면 됩니다.

메디방페이지에서 확대, 축소, 브러시, 지우개와 같은 기능은 기본 단축키 설정이 복잡하게 되어 있습니다. 자주 사용되는 반복 작업인 만큼 한 손으로 사용할 수 있도록 단축키를 가까이 배치되게 수정해주는 것이 훨씬 편리하고 손목에 무리가 가지 않습니다.

1 상단 메뉴의 [파일]–[단축키 설정]을 클릭합니다.

2 [단축키 설정] 창이 나타나면 변경을 필요로 하는 액션을 선택한 뒤 [클리어] 버튼을 클릭합니다. 액션에 대해 클리어가 되었다면 [편집] 버튼을 클릭합니다.

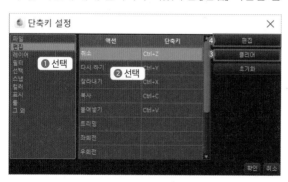

3 [단축키 설정] 창이 나타나면 변경하고 싶은 키를 입력합니다. 취소 단축키의 Ctrl + Z를 방향 키의 Up 방향으로 변경했습니다. '키가 중복하고 있습니다'라는 알림에는 [덮어쓰기]를 클릭합니다.

4 액션에 대해 클리어가 되었다면 [편집] 버튼을 클릭합니다.

TiP

* 저자가 추천하는 단축키 조합
편집 – 취소: 방향키 Up
편집 – 다시 하기: 방향키 Down
툴 – 브러시: 방향키 left
툴 – 지우개: 방향키 right
표시 – 확대 표시: /
표시 – 축소 표시: .

chapter

2

메디방페인트 툴 살펴보기

신규 파일을 만들고 저장하며 색상을 고르거나 색상 값을 입력하는 방법을 알아보겠습니다. 또 그림 그리기에 사용되는 브러시 툴, 지우개 툴, 버킷 툴, 이동 툴을 다루는 방법들이 담겨있으니 차근차근 툴의 사용법을 익혀보세요.

기본 기능 알아보기

SNS 웹툰을 그리기 위해 가장 먼저 필요한 과정인 신규 파일 만들기와 저장, 그림을 그리는 브러
시와 지우개 도구에 대해 간단히 살펴보겠습니다.

1 신규 파일 만들기

1 신규 파일(캔버스)을 생성해보도록 하겠습니다. 메디방페인트를 열어줍니다.

2 상단 메뉴 바의 [파일]-[신규 작성]을 클릭합니다.

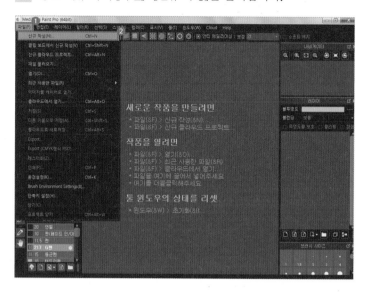

3 [이미지의 신규 작성] 창이 나타나면 원하는 사이즈와 세부 설정을 마친 후 [확인] 버튼을 클릭합니다.

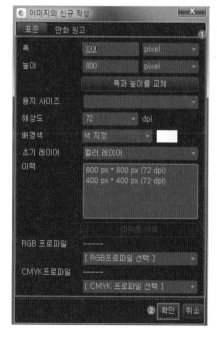

Tip SNS 웹툰에 적합한 이미지 사이즈는 폭 '800pixel', 높이 '800pixel'이며, 해상도는 '72dpi'로 설정하는 것이 좋습니다.

4 웹툰을 그릴 하나의 캔버스가 나타납니다.

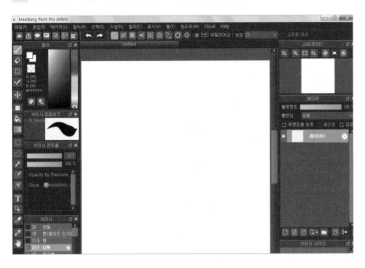

2 파일 저장하기

1 메디방페인트에서 신규 작성한 파일을 PC에 저장해보도록 하겠습니다. 상단 메뉴 바의 [파일]-[저장]을 클릭합니다.

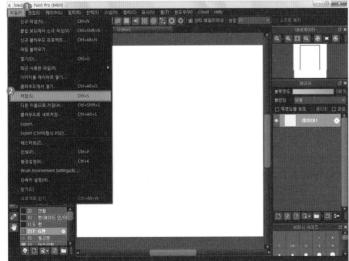

TiP 저장 단축키: Ctrl + S

2 [이미지의 저장] 창이 나타나면 원하는 위치에 이미지를 저장할 수 있습니다. 위치를 선택한 후 파일의 이름을 입력하고 확장명을 선택하고 [저장] 버튼을 클릭합니다. 지금 파일을 '01'이라는 제목의 .mdp 파일(메디방페인트 전용 수정 파일)로 저장하겠습니다.

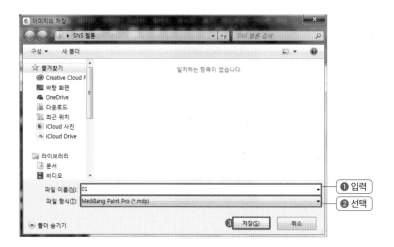

3 01.mdp 파일이 생성된 것을 확인할 수 있습니다.

3 색상 고르기 – 컬러 패널

1 왼쪽의 툴 바 옆을 보면 [컬러]라고 쓰여진 패널이 배치되어 있습니다. [컬러] 패널에서는 원하는 색상을 고르는 작업을 할 수 있습니다. 패널 아래의 [색 선택 🎨] 버튼을 클릭하면 원하는 색상의 값을 입력할 수 있는 [색 선택] 창이 나타납니다.

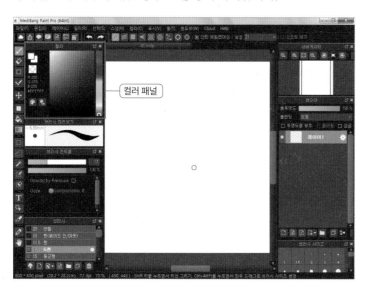

2 나나탄 [색 선택] 창에서 원하는 색을 선택해도 되고 아래의 HTML 박스에 원하는 16진수 색상값을 입력하여 사용할 수 있습니다(예: #000000 검정색).

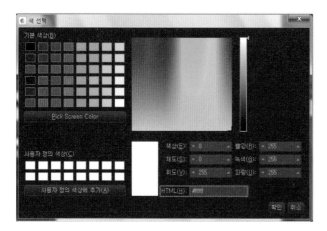

3 자주 사용하는 색상은 팔레트에 추가하면 편리합니다. 상단 메뉴 바의 [윈도우]-[팔레트]를 클릭하면 작업 화면에 배치됩니다. 아래의 [색의 추가 ▣] 버튼을 클릭하면 [색 추가] 창이 나타납니다.

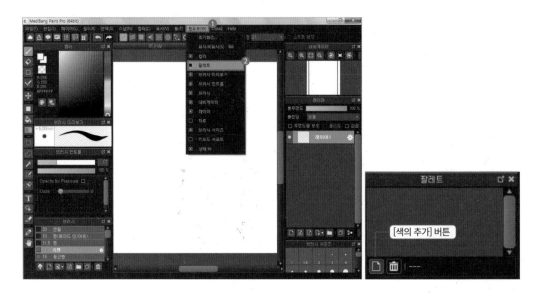

4 [색 추가] 창에서 현재 지정되어 있는 색을 [팔레트]에 추가할 수 있습니다.

■ 브러시 툴을 사용하기 위해서는 화면 왼쪽에 배치되어 있는 툴 바에서 [브러시 툴 🖌]을 선택한 후 [브러시 컨트롤]에서 브러시 사이즈를 조절하여 사용합니다. [브러시 미리보기]를 통해 브러시의 크기를 확인할 수 있습니다.

Tip
· 브러시 단축키: B
· 브러시 크기를 늘리는 단축키:]
· 브러시 크기를 줄이는 단축키: [

· **Opacity by Pressure**: 압력에 따라서 불투명도가 조절되는 설정
· **Ooze**: 선의 거친 느낌 효과

② 브러시의 종류는 [브러시] 패널에서 설정할 수 있습니다. 가장 많이 쓰이는 'G펜'을 선택하여 그림을 그려보도록 하겠습니다.

3 브러시 선택 시 상단의 메뉴 바에는 [보정] 기능이 활성화됩니다. 보정은 손떨림 보정 기능을 의미합니다. 손의 떨림을 보정하여 자연스럽고 부드러운 곡선을 그릴 수 있도록 도와주는 기능입니다. 자신의 캐릭터 스타일에 알맞게 보정의 강도를 설정한 후 그려줍니다.

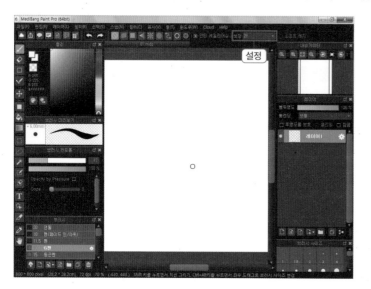

 [보정] 기능에 대하여

종이에서 그리는 그림의 경우 종이와 연필의 접합 면에서 마찰력이 작용하기 때문에 원을 그리거나 나선을 그리기가 어렵지 않습니다. 하지만 태블릿 기기의 경우 종이와 연필만큼의 마찰력이 작용하지 않기 때문에 그림을 그릴 때 미끄러운 느낌이 들고 정확성이 떨어지게 되며 손의 떨림이 그대로 선에 나타나 지저분해 보일 수 있습니다.

[보정] 기능을 사용하면 원이나 곡선을 떨림 없이 부드럽게 그릴 수 있습니다. 하지만 [보정] 기능을 많이 사용하면 그림을 그릴 때의 펜의 속도가 느리게 잡힙니다. 날렵하고 얇은 느낌의 그림을 그릴 경우 [보정] 기능을 적게 사용하는 것이 좋습니다.

5 그림 지우기 - 지우개 툴

1 지우개를 사용하기 위해서는 화면 왼쪽에 배치되어 있는 툴 바의 [지우개 툴]을 클릭합니다. 브러시 설정과 마찬가지로 [브러시 컨트롤]에서 사이즈를 조정하고 [브러시 미리보기]에서 지우개의 크기를 확인할 수 있습니다.

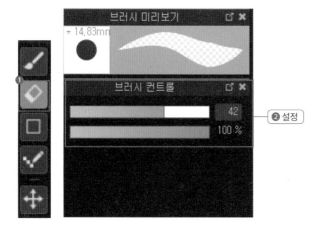

2 [브러시] 패널에서 지우개 브러시의 종류도 선택할 수 있습니다. 지우고 싶은 부분을 문질러서 지울 수 있습니다.

수정 도구 알아보기

1 선택 툴

툴 바의 [선택 툴]을 클릭한 후 드래그하여 영역을 지정하면 해당 영역만 선택되어 수정하거나 이동시킬 수 있습니다.

> **Tip**
> • 선택 영역 해제 단축키: Ctrl + D
> • 전체 영역 선택 단축키: Ctrl + A
> • 선택 영역 반전 단축키: Ctrl + Shift + I

2 Lasso Tool

자유롭게 드래그하여 영역을 선택하고 싶을 때에는 툴 바의 [Lasso Tool]을 클릭합니다.

3 이동 툴

[이동 툴 ]을 클릭하여 드래그하면 이미지를 이동시킬 수 있습니다. 앞의 [선택 툴]과 [Lasso Tool] 같은 선택 영역 지정 툴로 영역을 지정한 후 [이동 툴]을 클릭한 상태에서 선택 영역을 드래그해주면 선택 영역에 있던 그림의 위치가 함께 이동됩니다.

4 자동선택 툴

[자동선택 툴 ]은 클릭한 영역과 동일한 색상의 영역을 선택해주는 툴입니다.

❷ 영역 선택

5 사이즈 조정하기

사이즈 조정 단축키 Ctrl + T 를 클릭하면 이미지의 사이즈를 조정할 수 있는 조절 박스가 활성화됩니다. 마우스 옆에 뜨는 회전 아이콘을 클릭하고 드래그하면 이미지가 회전됩니다.

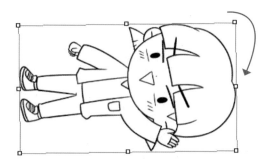

아래에 나타난 [자유변형] 옵션을 체크한 후 이미지를 드래그하면 자유로운 형태로 이미지를 변경할 수 있습니다. 조정한 후 [OK] 버튼이나 Enter↵ 를 누르면 변경사항이 적용됩니다.

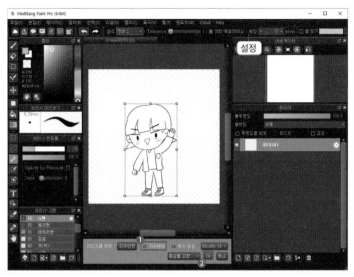

❷ 원하는 형태로 드래그

채색 도구 알아보기

1 브러시로 채색하기

채색에 많이 사용되는 도구는 [브러시 툴]입니다. [브러시 툴 🖌]을 선택하여 채색하면 장점이 많지만 모든 부분을 브러시로 채색하면 시간이 오래 걸릴 수 있습니다. 채색 영역이 넓을 경우에는 [버킷 툴 🪣]을 사용하는 것이 편리합니다.

[버킷 툴 ]은 색을 채워주는 툴입니다. 페인트 통으로 물감을 붓는다고 생각하면 편합니다.
[버킷 툴]을 사용하여 넓은 면적을 채색하면 시간을 단축시킬 수 있습니다.

볼의 홍조와 머리의 윤기같이 작게 칠해야 하는 영역은 [브러시 툴]을 사용하여 채색해
줍니다. 또한 클리핑 기능을 통해 귀와 손마디와 같은 부분을 고동색으로 칠해 명암을 주면 조금
더 부드러운 느낌을 연출할 수 있습니다.

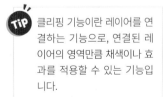

TiP 클리핑 기능이란 레이어를 연
결하는 기능으로, 연결된 레
이어의 영역만큼 채색이나 효
과를 적용할 수 있는 기능입
니다.

[클리핑] 레이어에 고동색으로 채색을 한 뒤 레이어 합치기 단축키 Ctrl + E를 클릭하여 클리핑 레이어를 선 레이어에 합쳐주었습니다. [버킷 툴 ]과 [브러시 툴]을 사용하면 꼼꼼하게 채색할 수 있습니다.

3 그라데이션 툴로 채색하기

[그라데이션 툴]을 사용하면 하늘 배경이나 부드러운 배경을 만들 수 있습니다. 현재 캐릭터의 뒷배경으로 하늘색 그라데이션 배경을 만들어보도록 하겠습니다.

[선] 레이어와 [채색] 레이어 아래에 배경 레이어를 선택한 후 [그라데이션 툴 ]을 클릭합니다. 그 다음 [컬러] 패널에서 하늘색을 선택한 후 배경 영역을 위에서 아래 방향으로 드래그합니다.

배경에 하늘색 그라데이션이 들어간 모습입니다.

PART

3

SNS 웹툰의 기본 효과 만들기

SNS 웹툰에서 가장 많이 사용되는 효과들을 만들어 보겠습니다. 말풍선과 집중선을 만들고 외부 이미지와 소재를 가져와서 사용하는 방법을 알아보겠습니다. 이러한 효과들을 적절하게 사용하면 만화의 완성도를 높일 수 있습니다.

말풍선과 집중선
만들기

웹툰에서 자주 쓰이는 말풍선과 집중선을 만드는 방법을 알아보도록 하
겠습니다. 메디방페인트에는 말풍선을 만드는 툴이 따로 없기 때문에 모
양 툴을 응용하여 만들어 주어야 합니다. 대사는 서식 툴을 사용하여 넣
어보도록 하겠습니다.

STEP 1

말풍선 만들기와 대사 넣기

1 말풍선 만들기

1 메뉴에서 [파일]–[신규 작성]을 클릭합니다. [이미지의 신규 작성] 창에서 폭은 '800pixel', 높이는 '800pixel'을 입력하고 해상도는 기본인 '72dpi', 배경색은 '색 지정'을 선택하여 '흰색'으로 지정한 후 [확인] 버튼을 클릭합니다.

2 왼쪽 하단의 [브러시] 패널에서 'G펜'을 선택한 후 [브러시 컨트롤] 패널에서 브러시 사이즈를 '3'으로 설정합니다.

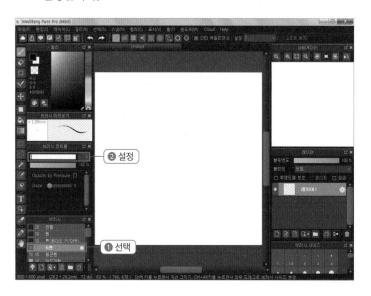

3 왼쪽 메뉴 바의 [도형브러시 툴 □]을 선택한 후 위쪽의 메뉴 바에서 '타원'을 선택합니다. 빈 문서에서 타원을 그릴 위치를 클릭한 후 드래그하여 타원을 그립니다.

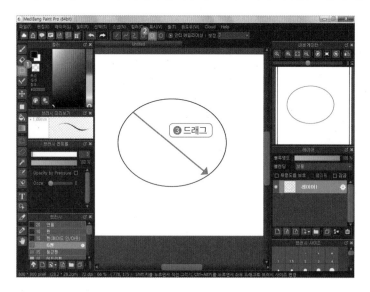

4 [지우개 툴 ◇]을 선택한 후 말풍선의 꼬리 부분이 들어갈 곳을 클릭한 후 드래그하여 지워 줍니다.

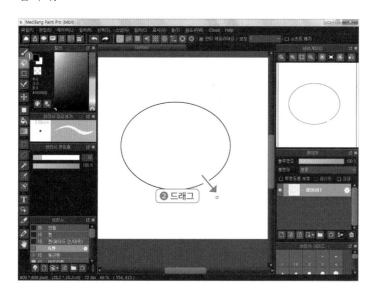

5 [브러시 툴 ✎]을 선택한 후 [브러시 컨트롤]에서 브러시의 굵기를 '3~8' 사이로 설정합니다. 타원의 비어진 부분에 말풍선 꼬리를 그립니다. 기본 말풍선이 완성됩니다.

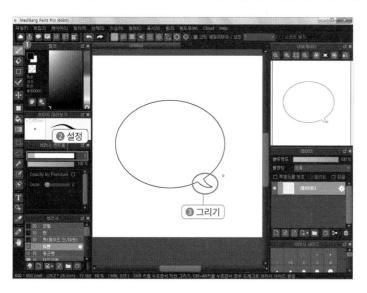

2 대사 넣기

1 말풍선에 대사를 넣어보겠습니다. 왼쪽 메뉴 바의 [텍스트 툴 **T**]을 클릭한 후 말풍선 안의 글씨가 들어갔으면 하는 부분을 클릭합니다. 다음 그림과 같이[텍스트 편집] 창이 나타납니다.

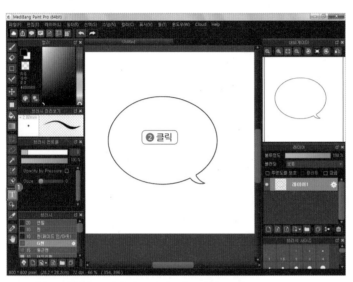

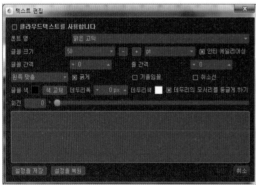

2 [텍스트 편집] 창에서 [클라우드텍스트를 사용합니다] 체크박스를 클릭하여 해제합니다. 우리는 PC에 설치되어 있는 폰트를 사용할 것이기 때문입니다. [폰트 명] '맑은 고딕'(폰트 명은 다른 폰트를 사용하여도 무관합니다), [글꼴 크기]는 '50', [줄 간격]은 '2'로 설정합니다. 마지막으로 [굵게] 체크박스를 클릭하여 체크한 후 아래의 입력창에 원하는 대사를 입력합니다. [확인] 버튼을 클릭하면 화면에 입력된 글이 추가됩니다.

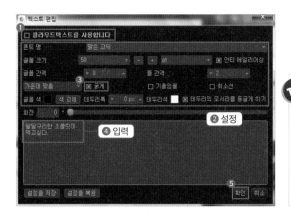

TiP 자간을 줄이고 싶을 때 [텍스트 편집] 창에서 [글꼴 간격]을 마이너스의 값으로 설정해주면 됩니다(예:-5, -10). 글씨에 윤곽선을 넣어 주고 싶을 때에는 [텍스트 편집] 창에서 [테두리폭]을 1 이상의 값으로 설정한 후 [테두리 색]을 지정합니다(기본 흰색).

3 [이동 툴 ✛]을 선택해 텍스트를 클릭한 후 드래그하여 추가된 글씨의 위치를 알맞게 조정합니다.

4 대사가 들어간 기본 말풍선이 완성되었습니다.

달달구리한 초콜릿이
먹고싶다.

 Tip 내용을 수정하고 싶을 때에는 [레이어] 패널의 레이어명 '달달구리한 초콜릿이 먹고 싶다'를 더블 클릭하면 [텍스트 편집] 창이 다시 나타납니다. 원하는 설정과 내용을 변경한 후 [확인] 버튼을 클릭하면 수정된 내용으로 저장됩니다.

집중선 만들기

1 만화에서 자주 사용되는 집중선 효과를 만들어보도록 하겠습니다. 메뉴에서 [파일]-[신규 작성]을 클릭합니다. [이미지의 신규 작성] 창에서 폭은 '800pixel', 높이는 '800pixel'로 입력하고 해상도는 기본인 '72dpi', 배경색은 '색 지정'-'흰색'을 선택한 후 [확인] 버튼을 클릭합니다.

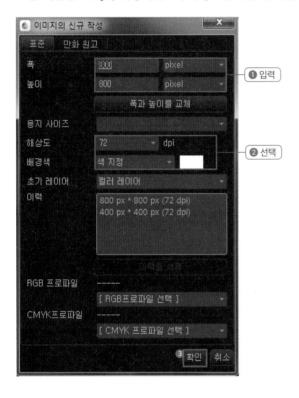

2 [브러시 툴 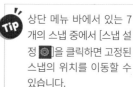]을 선택한 후 [브러시] 패널에서 '펜'을 선택합니다. 상단 메뉴 바에 있는 7개의 스냅 중에서 [집중선 스냅]을 클릭합니다. 화면에 집중선 스냅이 표시되는 것을 볼 수 있습니다. 스냅이 가운데 중심에 오도록 마우스를 가운데로 조정한 후 클릭하면 스냅이 고정됩니다.

> **Tip** 상단 메뉴 바에서 있는 7개의 스냅 중에서 [스냅 설정 ⊙]을 클릭하면 고정된 스냅의 위치를 이동할 수 있습니다.

3 스냅선이 있는 선을 따라서 집중선을 그려줍니다. [브러시 툴]을 선택한 후 [브러시 컨트롤]에서 브러시의 굵기를 5~10 중에서 적절한 굵기로 선택하여 그려줍니다.

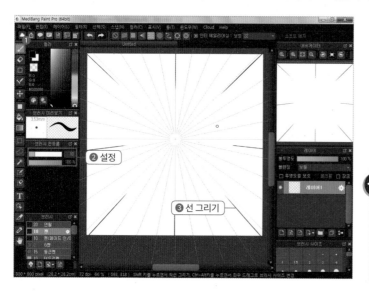

> **Tip** 컴퓨터와 태블릿의 세부 설정에 따라 브러시의 굵기가 다르게 나타나기 때문에 적절한 굵기를 임의로 설정하여 그려주는 것이 좋습니다.

4 길쭉한 선을 먼저 그린 후 작은 선을 세세하게 채워준다는 느낌으로 그려줍니다. 동일한 굵기로 설정한 후 그려주면 됩니다.

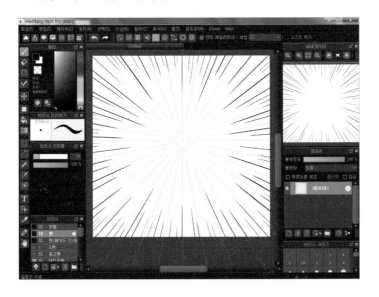

5 선을 다 그린 후, 상단 메뉴 바에 있는 [스냅 해제 ⊘] 버튼을 클릭하면 집중선이 완성됩니다.

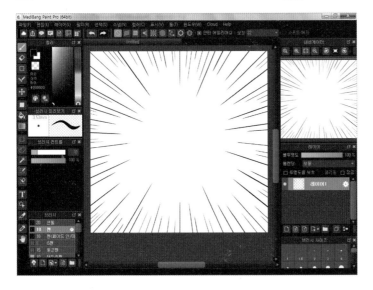

외부 이미지와
소재 넣기

가끔 만화 속 특정 장면에 다른 이미지를 넣어야 할 때가 있습니다. TV 속
화면을 구성한다거나 책 속의 그림을 넣어야 할 때 등 다양하죠. 그럴 때
편하게 외부 이미지를 넣는 작업을 하겠습니다. 또한 메디방페인트에서
제공하는 소재(타일, 톤, 아이템)들을 다운로드하여 레이어에 추가해보는
작업도 하겠습니다.

외부 이미지 넣기

❂ **예제 파일**: 예제 및 완성 파일/Part3/Chapter2/그녀의사진.psd, 그녀의사진.jpg
❂ **완성 파일**: 예제 및 완성 파일/Part3/Chapter2/그녀의사진_완성.psd

외부 이미지를 캔버스 내에 자연스럽게 합성해보도록 하겠습니다.

1 메뉴에서 [파일]–[열기]를 클릭한 후 [이미지 열기] 창에서 예제 '그녀의사진.psd' 파일을 선택한 후 [열기] 버튼을 클릭합니다. 다시 '그녀의사진.psd' 파일을 선택한 후 [열기] 버튼을 클릭합니다.

2 '그녀의사진.jpg' 파일을 클릭합니다. 단축키 Ctrl + A를 눌러 전체 영역을 선택한 후 단축키 Ctrl + C를 눌러 복사합니다.

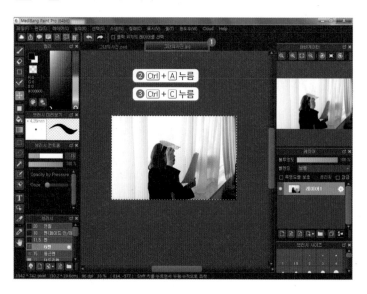

3 '그녀의사진.psd' 파일로 돌아와 붙여넣기 단축키 Ctrl + V를 눌러주면 복사된 사진이 [레이어 8]의 형태로 붙여넣기됩니다.

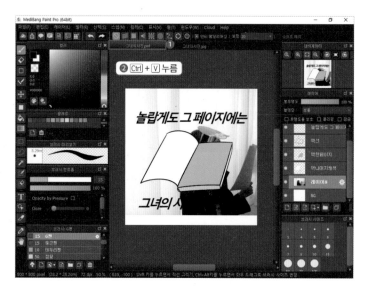

4 레이어 패널에서 레이어의 위치를 조정하는 작업을 하도록 하겠습니다. [레이어8]을 클릭하고 드래그한 후 [책한페이지] 레이어의 위로 이동시켜줍니다.

5 [레이어] 패널에서 [레이어8]을 선택한 후 [클리핑] 체크박스를 체크합니다. 그러면 [책한페이지](그녀의 사진.psd) 레이어의 위로 사진(그녀의 사진.jpg)이 클리핑된 모습을 볼 수 있습니다.

6 이미지 사이즈를 조정하기 위해 사이즈 조정 단축키 Ctrl + T 를 눌러줍니다. 그림 하단의 [이미지를 변형] 파란 박스의 [자유변형] 체크박스를 체크합니다.

7 작업물의 외곽에 붙어있는 사각형 조정박스를 클릭합니다. 안쪽으로 드래그하여 크기를 조정합니다. 조금 더 눕혀져있는 느낌을 내기 위해서는 Ctrl 을 누른 상태로 사각형 조정박스를 클릭하여 드래그한 후 조절해주면 됩니다.

8 `Enter↵`를 누르면 적용된 모습을 볼 수 있습니다.

9 외부 이미지가 합성된 그림의 완성본입니다. 같은 방식으로 외부 이미지를 붙여 넣고 클리핑 모드를 사용하여 깔끔하게 합성해보세요. 하늘이나 교실 공간 같은 배경을 합성할 때에도 유용하게 사용됩니다.

소재 넣기

메디방페인트에서는 [소재] 기능을 통해 타일, 톤, 아이템과 같은 다양한 소스들을 제공합니다. 로그인이 되어있는 상태라면 메디방페인트 클라우드에서 제공하는 소재들도 다운로드할 수 있습니다. 이러한 [소재] 기능을 사용하면 만화를 더욱 멋지게 꾸밀 수 있습니다.

1 새 문서를 만든 후 왼쪽 상단의 메뉴 바에 있는 [소재창을 표시 💬] 버튼을 클릭합니다.

2 [소재] 창이 나타나면 타일, 톤, 아이템이 보일 것입니다. 기본으로 제공되는 소재는 종류가 많지 않을 것입니다. [소재] 창 하단의 [클라우드에서 소재를 다운로드 ☁] 버튼을 클릭하면 메디방페인트의 클라우드에서 제공하는 다양한 소재들을 다운로드받을 수 있습니다. 로그인한 후 이용이 가능합니다.

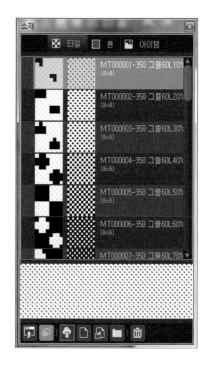

3 　나타난 [클라우드 소재] 창에는 훨씬 더 많은 종류의 소재들이 제공되고 있으며 다운로드한 후
사용할 수 있습니다.

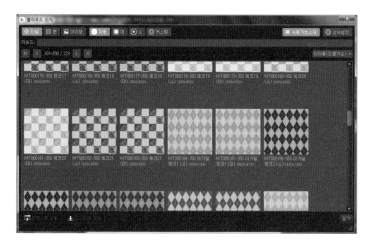

4 　[클라우드 소재]의 [톤]을 다운로드해보겠습니다. [클라우드 소재] 창의 상단 메뉴의 [톤] 버튼을
클릭한 후 1페이지의 중간에 있는 'MS000076-350 전차내1' 톤을 클릭합니다. 하단의 [리스트에 저
장] 버튼을 클릭하면 [소재] 창에 추가됩니다.

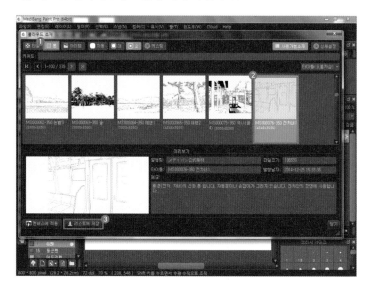

5 추가된 소재 'MS000076-350 전차내1' 톤을 확인합니다. 현재 그림 화면에 추가하기 위해 [소재] 창에 추가된 'MS000076-350 전차내1' 톤을 드래그하여 작업화면으로 끌어옵니다. 마우스 드래그를 놓아주면 화면에 바로 추가되는 것을 볼 수 있습니다.

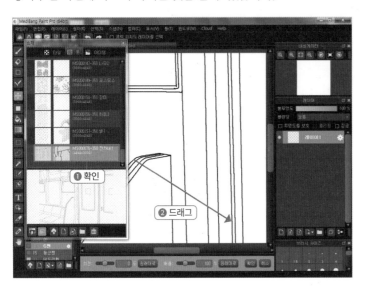

6 하단에 회전과 배율을 선택할 수 있는 파란 창이 활성화됩니다. 배율은 '20%'로 조정한 후 Enter↵ 또는 하단의 [확인] 버튼을 클릭합니다. 레이어에 톤이 입혀진 모습을 볼 수 있습니다.

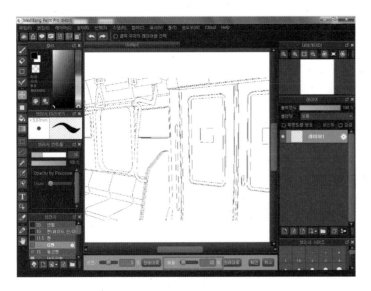

7 이렇게 원하는 소재(타일, 톤, 아이템)를 다운로드하여 사용할 수 있습니다.

PART

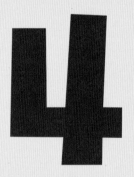

4

SNS 웹툰 구성 요소 따라하기

앞서 메디방페인트의 기본 기능을 알아보았다면, 이제는 PC와 태블릿을 사용하여 그림을 직접 그려보도록 하겠습니다. 웹툰의 가장 기본이 되는 요소인 캐릭터, 사물, 공간, 그리고 그 세 가지를 더한 한 장면의 웹툰을 그리는 과정까지 총 4개의 장으로 구성되어 있습니다.

chapter

1

인물 캐릭터
그리기

인물 캐릭터를 그려보도록 하겠습니다. 캐릭터 난희는 얼굴이 굉장히 동
그랗고 단발을 하고 있으며, 전체적인 선을 균일한 크기로 깔끔하게 그리
는 것이 특징입니다.

STEP 1

캐릭터 러프 스케치하기

캐릭터의 형태를 잡아보는 러프 스케치 작업을 해보겠습니다. 최대한 손의 힘을 빼고 편하게 그리면 됩니다. 러프 스케치를 할 때에는 검정색과 같은 어두운 색보다는 밝고 튀는 색의 펜을 사용하는 것이 좋습니다. 나중에 선 작업을 할 때 색상이 겹치지 않게 하기 위함입니다.

1 [파일]-[신규 작성]을 클릭합니다. [이미지의 신규 작성] 창에서 폭 '800pixel', 높이 '800pixel'를 입력하고 해상도 '72', 배경색은 '색 지정'을 선택한 후 [확인] 버튼을 클릭합니다.

2 [브러시 툴 ]을 클릭한 후 [브러시] 패널에서 'G펜'을 선택하고, [브러시 컨트롤] 패널에서 브러시 사이즈를 '4'로 설정합니다. [컬러] 패널에서 '붉은색(#FF1900)'을 선택합니다. 상단의 메뉴 바에서 [보정]을 '0'으로 설정한 후 캐릭터가 서 있는 형태를 러프하게 그려줍니다.

Tip 메디방페인트에서 색상 코드를 입력하는 방법

컬러 패널의 왼쪽에 있는 두 개의 아이콘 중, 첫 번째 아이콘(🎨)을 클릭하면 [색 선택] 창이 나타납니다. HTML(H)라고 쓰여있는 부분에 원하는 색상값을 입력한 후 [확인] 버튼을 클릭합니다(ex. #FF2610).

3 러프 스케치가 완성되었으니 외곽선을 그려보겠습니다. [레이어] 패널에서 [레이어의 추가 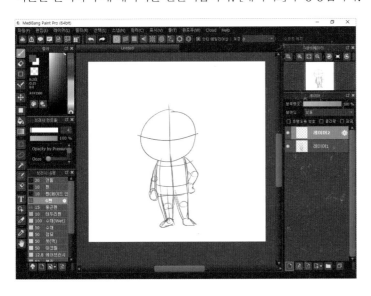] 버튼을 클릭하여 새 레이어를 만들어줍니다. [레이어2]가 생성됩니다.

4 [레이어] 패널에서 러프 스케치가 그려져 있는 [레이어1]을 클릭하고 [불투명도]를 '23%'로 설정합니다.

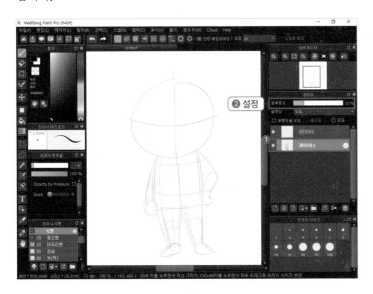

선 그리기

러프 스케치로 잡아놓은 형태를 참고하여, 선을 그리는 작업을 해보도록 하겠습니다.

1 추가한 [레이어2]를 선택하여 외곽선을 그려보도록 하겠습니다. 아래의 설정 값을 입력합니다. 동그란 얼굴의 캐릭터를 그릴 때에는 보정의 값을 늘려서 그려주면 보다 쉽게 원의 형태를 그릴 수 있습니다.

> \# 캐릭터 외곽선용 펜 설정
> [브러시] 패널 – 'G펜' 선택
> [브러시 컨트롤] 패널 – 굵기 '4'
> [컬러] 패널 – 검정색(#000000) 선택
> [보정] 패널 – '20'

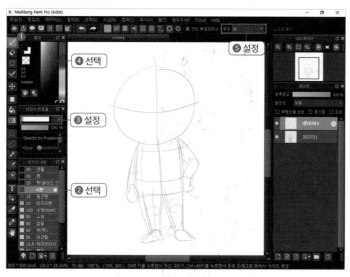

 선 그리기 레이어 순서
러프 스케치 레이어를 [레이어1]로 두고 [레이어2]에서 외곽선을 그려줍니다.

2 동그란 얼굴형을 그려줍니다.

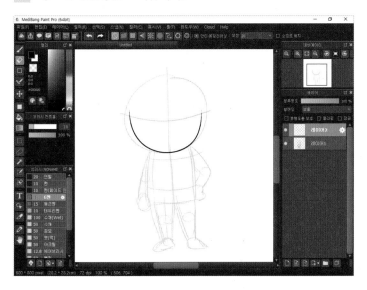

3 삼지창 앞머리를 그려줍니다.

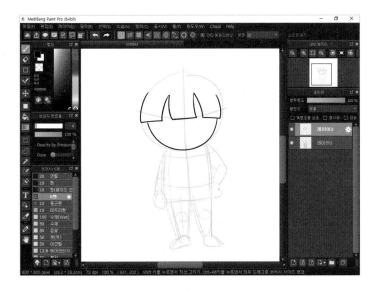

4 귀를 그려줍니다.

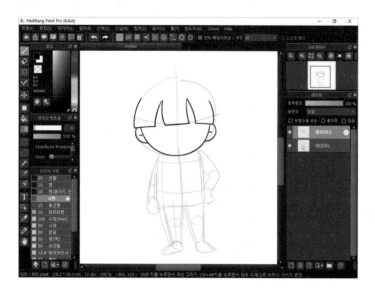

5 동그란 머리와 날렵한 뒷머리를 그려줍니다.

6️⃣ 캐릭터의 성격을 보여줄 수 있는 의상을 그려보도록 하겠습니다. 편안한 후드티와 츄리닝 바지를 그려줍니다. 난희 캐릭터는 집에 자주 있기 때문에 편안하고 따뜻한 복장이 잘 어울립니다.

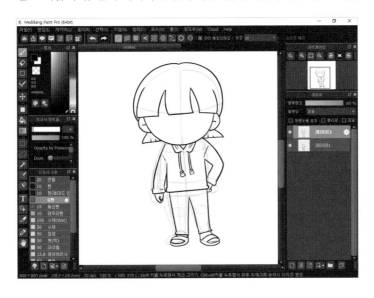

7️⃣ [레이어] 패널에서 [레이어의 추가 🔳]를 클릭하여 새로운 레이어를 추가합니다. 새로 추가된 [레이어3]에서 눈, 코, 입을 그려주도록 합니다.

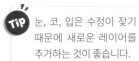 눈, 코, 입은 수정이 잦기 때문에 새로운 레이어를 추가하는 것이 좋습니다.

8 외곽선 작업이 끝났다면 스케치 레이어인 [레이어1]의 체크 버튼을 클릭하여 보이지 않도록 꺼줍니다.

9 난희 캐릭터 외곽선이 완성되었습니다.

STEP 3

채색하기

🎯 **예제 파일**: 예제 및 완성 파일/Part4/Chapter1/캐릭터스케치.psd
🎯 **완성 파일**: 예제 및 완성 파일/Part4/Chapter1/캐릭터스케치_완성.psd

1 [레이어] 패널에서 [레이어의 추가 📄] 버튼을 클릭합니다. 새로 생성된 [레이어4]의 위치는
[레이어2]와 [레이어1] 사이로 배치합니다.

> **TiP** 레이어의 순서
>
> 1. [레이어1] 러프스케치 레이어
> 2. [레이어4] 채색 레이어
> 3. [레이어2] 외곽선 레이어
> 4. [레이어3] 눈, 코, 입 레이어

2 색상을 채워주는 [버킷 툴 ]을 선택한 후 메뉴 바의 [확장] 값을 '1'로 설정합니다. 난희의 얼굴 부분을 클릭하거나 태블릿 펜으로 콕콕 찍어줍니다. 선택한 색상이 그림 안으로 채워집니다. 아래 색상은 난희의 기본 피부색이나 원하는 색으로 자유롭게 채색해줍니다.

난희 피부색 색상코드:
#FEF7ED

3 [버킷 툴]로 캐릭터의 피부색을 꼼꼼하게 칠해주고, 다 채워지지 않은 부분들은 [브러시 툴]을 선택하여 꼼꼼하게 채워줍니다. 163쪽의 색상 추가 방법을 활용하여 팔레트에 난희의 피부 색상을 추가한 후 작업을 진행하도록 하겠습니다. 상단 메뉴 바의 [윈도우(W)]에서 [팔레트]를 클릭하면 팔레트 패널이 열립니다.

4 난희의 피부색을 채웠다면 그 다음으로는 옷과 머리 등의 색을 선택한 후 [버킷 툴 ![버킷 툴]]을 사용하여 꼼꼼하게 채우도록 합니다.

난희 머리 색상코드 :
#D69867
난희 볼의 홍조 색상코드 :
#FACAA1
난희 옷의 색상코드 :
• 회색 후드티 색상코드 :
  #A6A6A6
• 츄리닝 바지 색상코드 :
  #313131
난희의 신발 색상코드 :
#272727

5 밑색을 모두 칠했다면 이제는 음영을 넣어주도록 하겠습니다. [브러시 툴 ![브러시 툴]]을 선택한 후 옷의 접히는 부분을 어두운 회색으로 칠해줍니다. 귀 안쪽에도 음영을 표현하고, 몸의 그림자를 표현합니다. 머리에 윤기를 표현하고 볼의 홍조를 표현해 캐릭터에 생기를 더합니다.

옷의 접힌 부분 그림자
색상 코드 : #818181
귀와 몸 그림자 부분 색
상코드 : #f6d9c0
머리의 윤기 색상 코드 :
#e2b796
볼의 홍조 색상 코드 :
#facaa1

6 캐릭터 그리기 작업이 완성되었습니다. 저장을 위해 [메뉴]-[다른 이름으로 저장] 버튼을 클릭합니다. 파일 이름을 입력한 후 이미지 저장 형식은 PNG로 선택합니다.

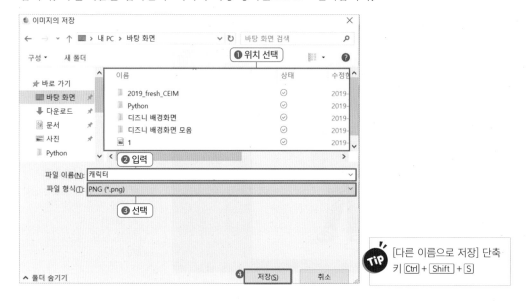

Tip [다른 이름으로 저장] 단축키 Ctrl + Shift + S

7 [이 형식으로는 레이어가 저장되지 않습니다. 진행하시겠습니까?]라는 알림창이 나타납니다. 저장을 원한다면 [확인] 버튼을 클릭합니다. (레이어가 모두 남아있는 형식으로 저장하고 싶다면 추후 PSD, MDP 파일로 선택하여 저장하면 됩니다.)

Tip PNG 형식은 이미지가 합쳐져 저장이 되는 형식이므로 이러한 알림이 나타납니다. (레이어가 모두 남아있는 형식으로 저장하고 싶다면 추후 PSD, MDP 파일로 선택하여 저장하면 됩니다.)

8 [저장 설정] 창에서는 가장 일반적인 '24-bit PNG'를 선택합니다. [확인] 버튼을 클릭하여 저장합니다.

색상 팔레트에 코드를 추가하는 방법

훨자주 사용되는 색들을 팔레트에 넣어두면 골라서 쓰기 편리합니다. 상단 메뉴 바의 [윈도우(W)]에서 [팔레트]를 클릭하면 [팔레트] 패널이 열립니다.

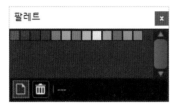

위의 그림과 같이 [팔레트] 패널의 하단에서 [색의 추가 ▢] 아이콘을 클릭하면 [색 추가] 창이 나타 납니다. #라고 쓰여있는 공란에 색상 코드를 입하고 [확인] 버튼을 클릭하면 입력한 색상이 팔레트에 추가됩니다. 필요 없는 색은 [삭제] 아이콘을 클릭해 삭제합니다.

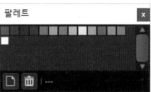

사물 그리기

일상에서 자주 만날 수 있는 사물인 화분을 그려보도록 하겠습니다. 실제 정물화처럼 세밀하게 그리기보다 화분의 특징과 형태를 확실히 잡은 2D 만화의 느낌으로 표현해주도록 하겠습니다.

STEP 1 화분 스케치하기

1 [파일]-[신규 작성]을 클릭합니다. [이미지의 신규 작성] 창에서 폭 '800pixel', 높이 '800pixel'를 입력하고 해상도 '72', 배경색은 '색 지정'-'흰색'을 선택한 후 [확인] 버튼을 클릭합니다.

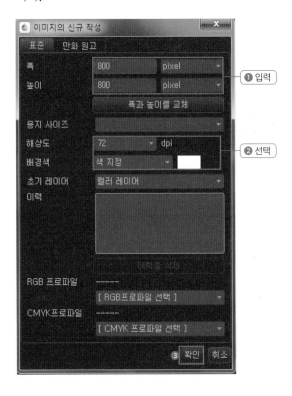

2 화분을 하나 그려보도록 하겠습니다. 아래의 설정 값을 입력한 후 [브러시 툴 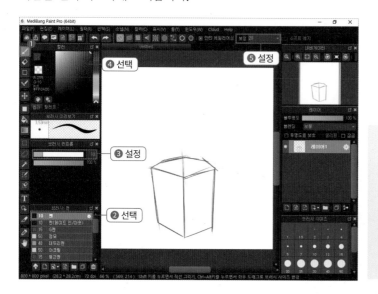]로 육각형의 화분을 먼저 러프하게 그려줍니다.

화분 형태 러프 스케치
[브러시] 패널 – '펜'
[브러시 컨트롤] 패널 –
굵기 '10'
[컬러] 패널 – '빨강색' 선
택(#FF0A00)
[보정] 패널 – '5~20' 사
이에서 설정

3 [브러시 툴 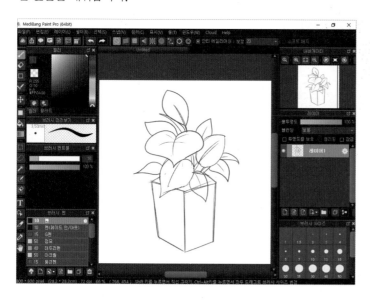]로 화분에 있는 식물을 그려줍니다. 커다란 잎을 먼저 그린 후 비어진 부분에 작은 잎들을 채워줍니다.

4 러프 스케치가 담긴 [레이어1]의 [불투명도]를 20% 정도로 설정합니다. 새 레이어를 추가하여 검정색의 펜 브러시로 선을 따주도록 하겠습니다. [레이어] 패널에서 [레이어의 추가 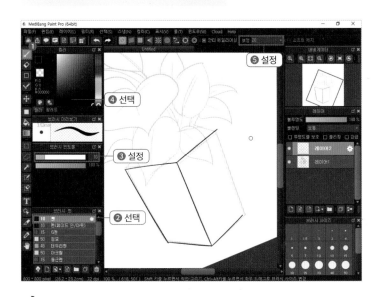] 버튼을 클릭하여 새 레이어를 만들어줍니다. [레이어2]가 생성될 것입니다. 선 레이어인 [레이어2]의 위치는 러프 스케치 레이어인 [레이어1] 위에 있어야 합니다. 아래의 설정을 적용한 후, 화분 → 잎사귀의 순서대로 깔끔하게 검정색 외곽선을 그려주도록 하겠습니다.

 # 검정색 외곽선
[브러시] 패널 – '펜'
[브러시 컨트롤] 패널 – 굵기 '10'
[컬러] 패널 – '검정색' 선택(#000000)
[보정] 패널 – '5~20' 사이에서 설정

TiP [네비게이터] 패널에 있는 회전 툴들을 사용하여 캔버스를 회전한 후 드로잉하면 꽤 편리합니다.

5 [브러시 툴]로 러프 스케치에 그려놓았던 잎들을 차례대로 꼼꼼하게 그려줍니다. 여기서 자유롭게 레이어를 추가하여 큰 잎, 작은 잎을 따로 그려주어도 됩니다.

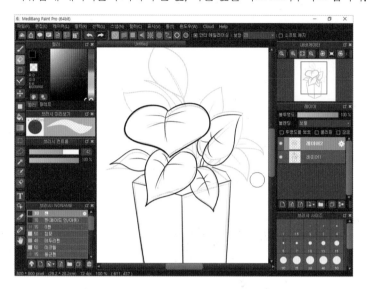

6 [레이어] 패널에서 [레이어의 추가] 버튼을 클릭하여 [레이어3], [레이어4]까지 만든 후 줄기(레이어3) / 작은 나뭇잎(레이어4)을 각 다른 레이어에서 작업합니다. 수정이 잦은 경우에는 이렇게 분리해서 작업하는 것이 좋고, 수정이 많이 일어나지 않는 경우에는 하나의 레이어에서 작업해도 무관합니다.

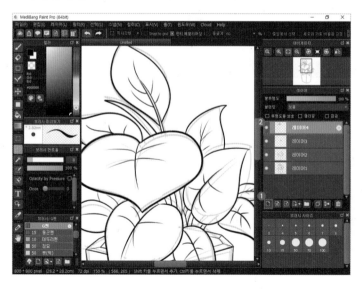

7 레이어를 합치기 위해 단축키 Ctrl + E 를 연속으로 2번 눌러 [레이어2], [레이어3], [레이어4]를 [레이어2]로 합쳐줍니다.

8 저는 최종으로 합쳐진 외곽선 레이어인 [레이어2]를 더블클릭하여 [레이어 속성] 창이 나타나면 [레이어4]로 이름을 입력한 뒤 [확인] 버튼을 클릭합니다.

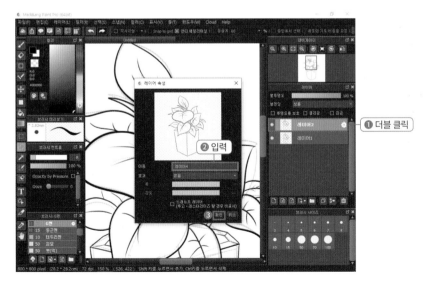

9 [레이어4]를 확인합니다.

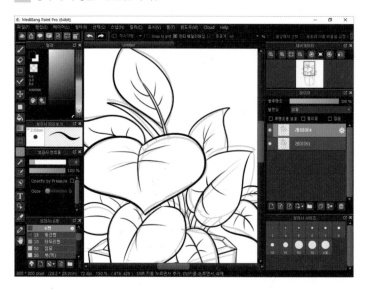

10 선 따기 작업이 모두 완료되면 [레이어] 패널에서 러프 스케치가 담긴 [레이어1]이 보이지 않게 꺼주도록 하겠습니다. 레이어 패널에서 [레이어1] 앞의 체크박스를 클릭하면 레이어가 보이지 않습니다.

체크 해제

STEP 2 화분 채색하기

⊙ **예제 파일**: 예제 및 완성 파일/Part4/Chapter2/사물_화분스케치.mdp
⊙ **완성 파일**: 예제 및 완성 파일/Part4/Chapter2/사물_화분_완성.mdp

1 새 레이어를 추가한 후 밑색을 깔아주도록 하겠습니다. [레이어] 패널에서 [레이어의 추가
] 버튼을 클릭하여 새 레이어를 추가합니다. 새로 추가한 밑색용 레이어 [레이어3]은 외곽선 레
이어인 [레이어4]의 아래에 배치해주는 것이 좋습니다.

밑색 채색하기
[버킷 툴] 선택 후 채색
[컬러] 패널 – 녹색 영역의 색상을 자유롭게 선택(예: #43803C)
앞에 있을수록 밝은 녹색, 뒤에 있을수록 채도가 낮은 녹색을 선택하여 채워주기

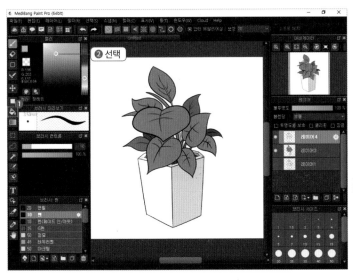

> **TIP 레이어의 순서**
> 1. [레이어1] 러프 스케치 레이어
> 2. [레이어3] 밑색 레이어
> 3. [레이어4] 외곽선 레이어

2 새 레이어를 추가하여 잎의 윤기를 넣어주도록 하겠습니다. [레이어] 패널에서 [레이어의 추가] 버튼을 클릭합니다. 새로 추가된 레이어인 [레이어5]의 블렌딩 모드를 [닷지] 모드로 설정합니다. [브러시 툴]을 클릭한 후 밝은 연두색으로 잎의 외곽과 내부의 윤기를 그려줍니다.

나뭇잎에 윤기 넣어주기 | 레이어 설정
[레이어] 패널 – [레이어5] 선택 후 [불투명도] '36%'로 설정, [블렌딩] 모드를 '닷지' 모드로 변경

나뭇잎에 윤기 넣어주기 | 브러시 설정
[브러시] 패널 – '펜' 선택
[브러시 컨트롤] 패널 – 굵기 '10' 선택 후 그리기
[컬러] 패널 – 연두색의 색상을 자유롭게 선택(예: #88CB84)

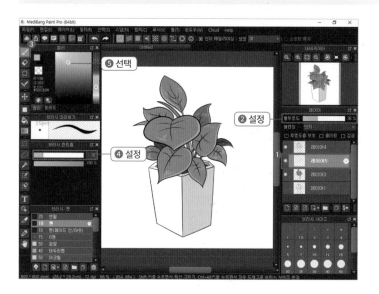

3 화분이 있을 공간을 그려주도록 하겠습니다. [레이어] 패널에서 [레이어의 추가 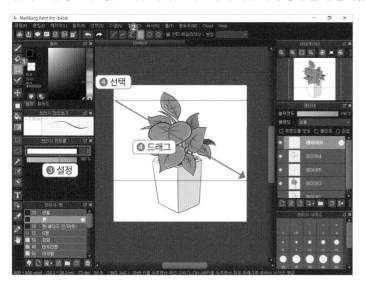]를 클릭하여 새 레이어를 추가합니다. [도형브러시 툴]-[직사각형]을 클릭하고 [브러시 컨트롤]에서 '2'로 굵기를 설정한 후 중간 지점에서 드래그하여 가운데의 공간을 만들어줍니다.

4 선의 겹치는 부분들을 [지우개 툴 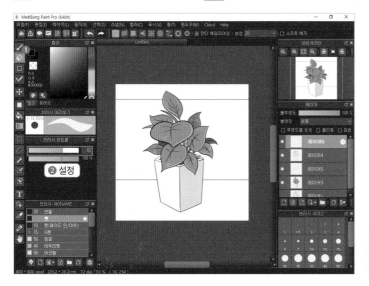]로 말끔하게 지워줍니다.

[지우개 툴] - 굵기 '30~42'

5 위 아래의 판으로 된 공간을 채색하겠습니다. [레이어] 패널에서 [레이어의 추가 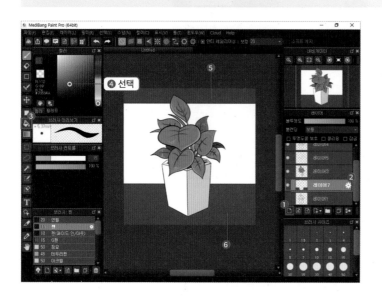] 버튼을 클릭하여 새 레이어인 [레이어7]을 만들어줍니다. 화분의 밑색이 담긴 [레이어3] 아래에 배치시켜줍니다. 어두운 갈색을 선택하여 [버킷 툴]로 위 아래 공간을 클릭해 채색합니다.

위 아래의 판으로 된 공간 채색하기
[버킷 툴] 선택 후 채색
[컬러] 패널 – 갈색 영역의 색상을 자유롭게 선택(예: #70594A)

6 공간감을 높이기 위해 그라데이션을 넣어주도록 하겠습니다. [레이어] 패널에서 [레이어 추가] 버튼을 클릭하여 새 레이어를 추가합니다. 화분 아래의 공간을 [자동 선택 툴]을 사용하여 선택 영역으로 지정합니다. [그라데이션 툴]을 선택한 후 위에서 아래로 드래그해 흰색 그라데이션을 넣어줍니다.

그라데이션 넣어주기
[그라데이션 툴] 클릭 – 상단 메뉴의 [타입] '전경' 선택, [형상] '선형' 선택
[컬러] 패널 – 흰색(#FFFFFF) 선택

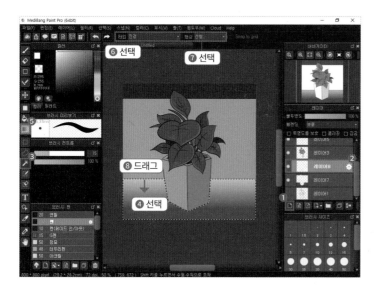

7 위의 공간도 그라데이션을 살짝 넣어줍니다. 6번의 과정과 동일한 방법으로 진행합니다.

그라데이션 넣어주기

[그라데이션 툴] 클릭 – [타입] '전경' 선택, [형상] '선형' 선택
[컬러] 패널 – 흰색(#FFFFFF) 선택

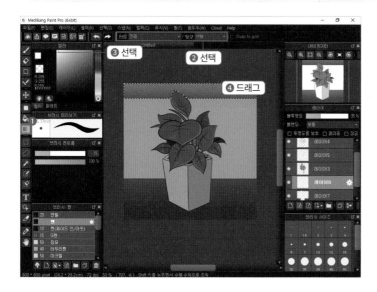

8 레이어를 하나 더 추가하여 윗 상판이 빛을 가려서 생긴 그림자를 넣어주도록 하겠습니다.

 # 자동선택 툴로 가운데의 흰 영역을 선택하기

[자동선택 툴] 클릭 후, 가운데의 흰 공간들 선택
선택 영역을 연속적으로 확장하는 방법 – Shift 를 누른 상태에서 다른 영역 클릭

 # 회색의 그라데이션 추가하기

[그라데이션 툴] 클릭 – [타입] '전경', [형상] '선형' 선택
[컬러] 패널 – 회색의 색상 선택(예: #838383)
상판이 빛을 가리기 때문에 생기는 회색의 그림자를 표현해주도록 한다. 상판의 윗 부분을 아래로 드래그하여
그라데이션을 입혀주자.

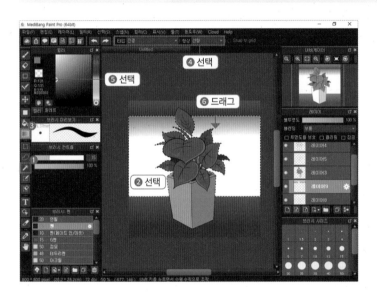

9 그라데이션을 만든 후 Ctrl + D를 누릅니다. 그라데이션이 모두 적용되었습니다.

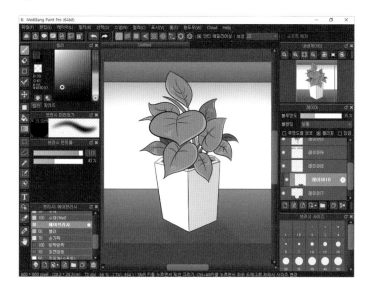

10 화분이 완성되었습니다.

공간 그리기

엘리베이터 앞 대기하는 공간을 그려보도록 하겠습니다. 메디방페인트의 도형브러시 툴을 사용하여 공간의 형태를 잡고 간단하게 색상을 입혀주겠습니다.

엘리베이터 스케치하기

1 [파일]-[신규 작성]을 클릭합니다. [이미지의 신규 작성] 창에서 폭 '800pixel', 높이 '800pixel'를 입력하고 해상도 '72dpi', 배경색은 '색 지정'-'흰색'을 선택한 후 [확인] 버튼을 클릭합니다.

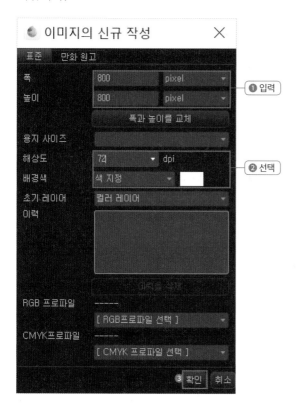

2 [브러시 툴 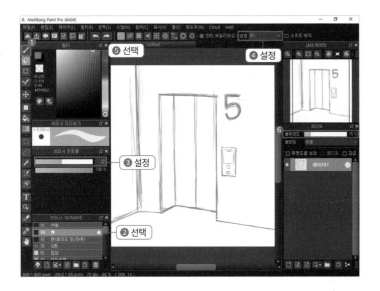]로 엘리베이터의 형태를 러프하게 그려줍니다. 러프 스케치를 마쳤다면 [레이어] 패널에서 러프 스케치가 담긴 [레이어1]의 [불투명도]를 '15%' 정도로 낮춰줍니다.

> **# 엘리베이터 러프 스케치하기**
> [브러시] 패널 – '펜' 선택
> [브러시 컨트롤] 패널 – 굵기 '10'
> [보정] 패널 – '5~20'의 값 자유롭게 선택
> [색상] 패널 – 주홍색의 색상을 자유롭게 선택(예: FF652C)

3 새 레이어를 추가하여 외곽선 그리기 작업을 진행합니다. [레이어] 패널에서 [레이어의 추가 📄] 버튼을 클릭하면 새 레이어가 추가됩니다. 추가된 이 레이어에 직선으로 공간을 잡아주도록 하겠습니다. [도형브러시 툴 ■]–[직선]을 선택하여 바닥과 벽을 잇는 3개의 선을 드래그하면 직선이 그려집니다.

> [브러시 컨트롤] 패널 – 굵기 '2'
> [색상] 패널 – 검정색(#000000) 선택

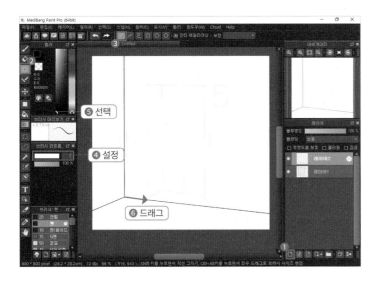

4 [도형브러시 툴 ▢]-[직사각형]을 클릭하여 엘리베이터가 들어갈 공간을 드래그하여 만들어줍니다. 이때 [레이어3]를 추가한 상태에서 그리면 선이 겹쳐지지 않기 때문에 삐져나온 부분들을 지우기가 편해집니다. [지우개 툴 ◇]로 하단의 선 밖으로 삐져나온 부분을 지워줍니다.

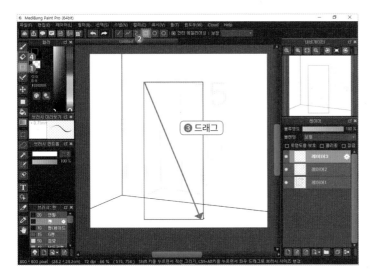

5   [지우개 툴 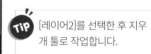]로 상단을 지운 후 [직선]을 새로 그려줍니다. 각도가 맞지 않기 때문에 살짝 각도를 낮춘다고 생각하고 만들어 주면 됩니다. [도형브러시 툴 ▢]-[직선]을 선택한 후 상단의 선을 드래그하여 그려줍니다.

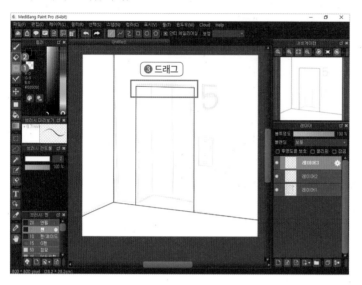

6   [도형브러시 툴 ▢]-[직선]을 사용하여 엘리베이터의 문과 입구의 공간을 그려줍니다. 필요 없는 선은 지우개 툴로 지워줍니다.

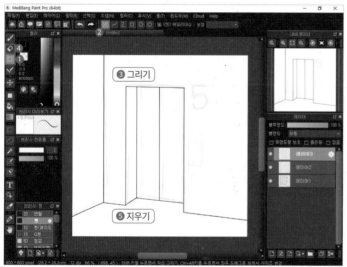

TiP [레이어2]를 선택한 후 지우개 툴로 작업합니다.

7 선 레이어들을 하나로 합쳐주겠습니다. 상위 레이어인 [레이어3]에서 레이어 합치기 단축키인 Ctrl + E를 한 번 누르면 레이어가 합쳐집니다.

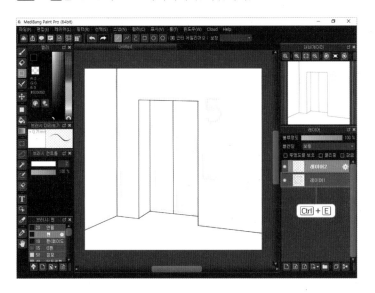

8 엘리베이터 호출 패널을 그려주도록 하겠습니다. [레이어] 패널에서 [레이어의 추가 ▢]를 클릭하여 새 레이어를 추가합니다. [도형브러시 툴 ▣]과 [브러시 툴 ✎]로 엘리베이터 호출 패널의 틀과 내부의 동그란 버튼을 그려주겠습니다.

엘리베이터 호출 패널 그리기
[도형브러시 툴] – [직사각형] 선택
[브러시 컨트롤] 패널 – 굵기 '2'
적절한 크기를 잡아 드래그하여 직사각형을 그려준다.

엘리베이터 호출 상, 하 버튼 그리기
윗층, 아래층을 호출하는 작은 원 버튼은 [브러시 툴]로 그려준다.
[브러시] 패널 – '펜' 선택
[브러시 컨트롤] 패널 – 굵기 '10' 선택

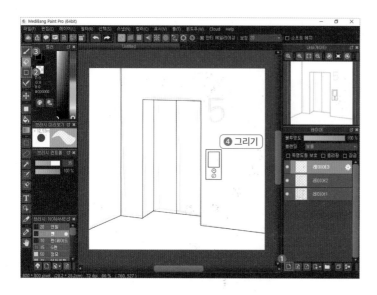

9 [레이어3]이 선택되어 있는 상태에서 사이즈 조정 단축키인 Ctrl + T를 누르면 엘리베이터 호출
패널과 버튼이 선택됩니다. 이때, 하단의 [자유변형] 체크박스를 체크합니다. 엘리베이터 호출 패널
과 버튼이 엘리베이터와 바닥이 닿는 면의 각도와 일치하게 그림의 형태를 조정합니다.

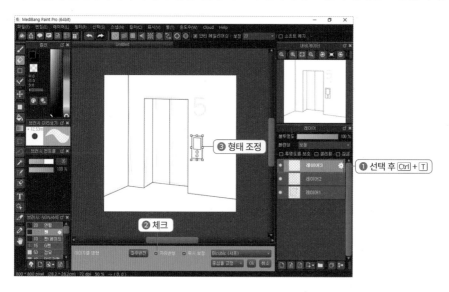

10 층을 나타내는 숫자 로고는 [텍스트 툴 **T**]을 사용하여 만들어주겠습니다. [텍스트 툴 **T**]을 클릭한 후 화면을 클릭합니다. [텍스트 편집] 창이 나타나면 아래의 설정에 따라 내용을 입력한 후 [확인] 버튼을 클릭하면 적용됩니다.

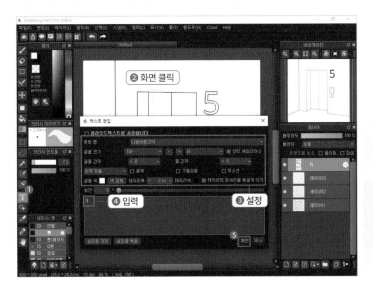

폰트 명: 나눔바른고딕
글꼴 크기: 150
글꼴 간격: 0
줄 간격: 0
'왼쪽 맞춤' 선택
글꼴 색: 흰색
테두리 색: 검정색
내용: '5' 입력

11 선 작업이 완료되었습니다.

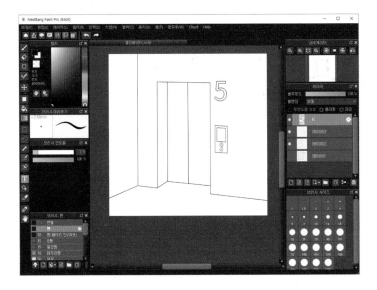

엘리베이터 채색하기

✪ **예제 파일**: 예제 및 완성 파일/Part4/Chapter3/엘리베이터스케치.mdp
✪ **완성 파일**: 예제 및 완성 파일/Part4/Chapter3/엘리베이터_완성.mdp

1 새 레이어를 추가하여 밑색을 깔아주도록 하겠습니다. [레이어] 패널에서 [레이어의 추가 □] 버튼을 클릭하여 새 레이어를 추가합니다. [버킷 툴 🪣]을 클릭한 후 [컬러] 패널에서 적절한 색상을 자유롭게 선택합니다. 채색이 필요한 공간을 클릭하여 색상을 채워줍니다.

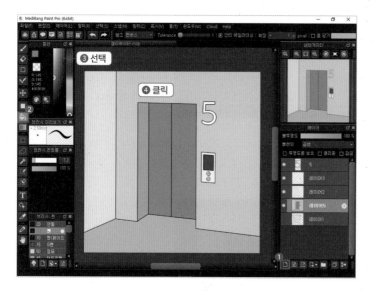

2 텍스트 레이어에는 색을 입힐 수 없기 때문에 다시 선택하여 글꼴의 색상을 변경해주어야 합니다. 숫자 5의 색상을 밝은 회색으로 변경해주겠습니다.

텍스트 레이어 숫자 '5' 색상 변경

[레이어] 패널에서 숫자 5 패널 더블클릭 → [텍스트 편집] 창이 열림
[글꼴 색] 클릭 후, [색 선택] 창에서 연한 회색 선택 → [확인] 버튼 클릭
[텍스트 편집] 창의 오른쪽 하단의 [확인] 버튼 클릭 시 적용 완료

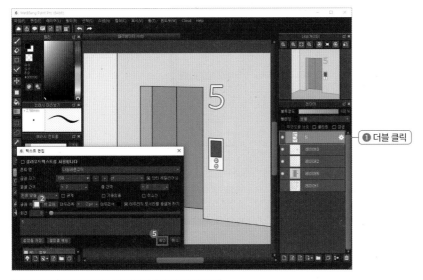

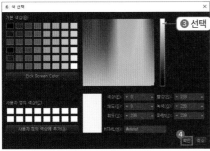

3 새 레이어를 추가하여 엘리베이터 문에 옅은 그라데이션을 넣어주겠습니다. [레이어] 패널에서 [레이어의 추가 📄] 버튼을 클릭하여 새 레이어를 추가합니다. [자동선택 툴 🪄]로 엘리베이터 문을 선택한 뒤, [그라데이션 툴 ▨]을 클릭합니다. [타입]은 '전경', [형상]은 '선형'으로 선택하고 [컬러] 패널에서 밝은 회색을 선택한 후 그라데이션을 엘리베이터 문의 위에서 아래로 드래그하여 그라데이션을 넣어줍니다.

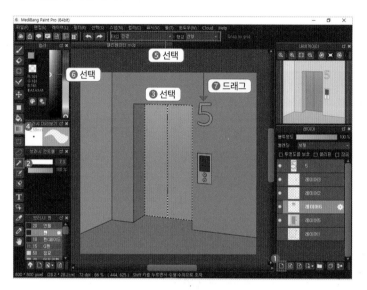

4 3번과 같은 방법으로 전체 벽면에도 밝은 회색의 그라데이션을 위에서 아래로 드래그하여 추가합니다. Ctrl + D를 누르면 적용된 화면을 볼 수 있습니다.

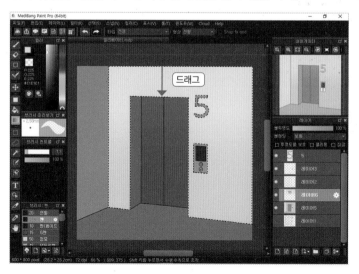

5 새 레이어를 추가하여 바닥의 벽돌 패턴을 그려줍니다. [레이어] 패널에서 [레이어의 추가 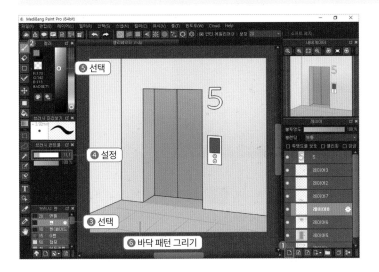] 버튼을 클릭하여 새 레이어를 추가합니다.

바닥의 벽돌 패턴 연하게 그리기

[브러시] 패널 – '펜' 선택
[브러시 컨트롤] 패널 – 굵기 '11.1~12' 자유롭게 선택
[컬러] 패널 – 바닥의 색보다 조금 더 진한 갈색을 선택한 후 바닥의 패턴을 그려준다.

---

6 마지막으로 벽면 정면에 따뜻한 색감을 넣어주기 위해 새 레이어를 추가한 후 황토색의 그라데이션을 넣어주도록 하겠습니다.

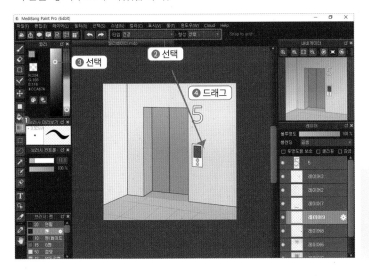

[그라데이션 툴] 클릭 – [타입] '전경', [형상] '선형'선택
[컬러] 패널 – 밝은 황토색 색상을 자유롭게 선택

7 [레이어] 패널에서 황토색 그라데이션이 추가된 [레이어9]의 [불투명도]를 '70%'로 설정합니다.

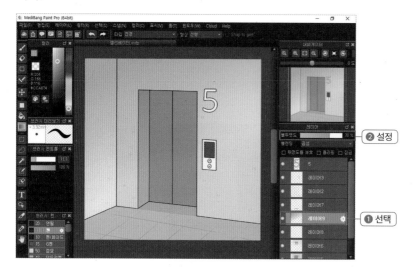

8 마지막으로 엘리베이터 모니터의 층 수를 [브러시툴 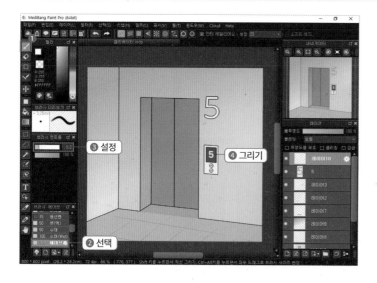]의 [에어브러시]를 사용하여 그려줍니다. 희미한 불빛같은 느낌을 주기 위해서는 [에어브러시]를 사용하는 것이 좋습니다.

> **# 엘리베이터 층**
> [브러시 컨트롤] 패널 – 굵기 '9.2~9.5' 정도로 자유롭게 선택

9 엘리베이터 배경이 완성되었습니다.

웹툰 한 컷
작업하기

두 명의 인물, 사물, 공간이 함께 있는 웹툰 한 컷을 그려보도록 하겠습니다. 언니(망설임)가 동생(망난희)에게 얼굴에 새로 산 틴트를 테스트해보는 장면을 그려보려 합니다.

신규 파일 만들기

메디방페인트를 사용하여 웹툰 한 컷, 즉 한 페이지를 그려보도록 하겠습니다. 먼저 형태를 잡기 위한 러프 스케치 작업을 해보려고 합니다. 너무 완벽하게 그리려고 하지 말고 캐릭터들의 형태와 공간의 형태를 잡는다고 생각하고 가볍게 그려주도록 합니다.

1 [파일]-[신규 작성]을 클릭합니다. [이미지의 신규 작성] 창에서 폭 '800pixel', 높이 '800pixel', 해상도 '72dpi', 배경색은 '색 지정'을 선택한 후 [확인] 버튼을 클릭합니다. 새로운 파일이 생성되었습니다. 파일을 유실하지 않도록, 바탕화면에 저장하겠습니다. 메뉴에서 [파일] - [저장]을 클릭합니다. [이미지의 저장] 창이 나타나면 저장 위치는 '바탕화면'으로 지정하고 파일 이름은 '첫 페이지'로 합니다. 파일 형식은 메디방페인트에서 수정이 용이한 mdp(*.mdp) 파일로 선택합니다. [저장] 버튼을 클릭하면 저장이 완료됩니다.

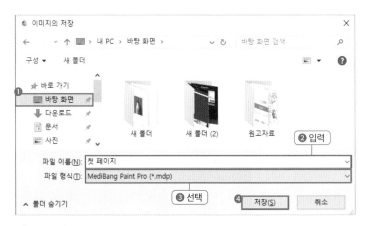

TiP 만약 클라우드 로그인이 처음이면 클라우드에 저장할 것인지 컴퓨터에 저장할 것인지에 대한 알림창이 나타납니다. PC에 저장하기 위해 [No, I will save it on my computer.]를 클릭하겠습니다. 클라우드에 저장하려 한다면 [Yes, try file save to cloud]를 클릭합니다. 해당 알림창을 계속 보고 싶지 않다면 [Do not display next time.]을 클릭합니다.

STEP 2 러프 스케치하기

1 러프 스케치를 시작해보겠습니다. [브러시 툴]의 'G펜'을 사용하여 러프 스케치를 그려보도록 하겠습니다. 아래 설정으로 적용해봅니다.

 # 러프 스케치용 펜 설정
[브러시] 패널 – 'G펜' 선택, Ooze 효과를 안 쓰기 때문에 '0' 입력
[브러시 컨트롤] 패널 – 굵기 '8~10' 정도로 자유롭게 선택
[컬러] 패널 – 연한 색상 선택(예: #EBAFAA)
[보정] 패널 – '0~5' 정도로 자유롭게 선택

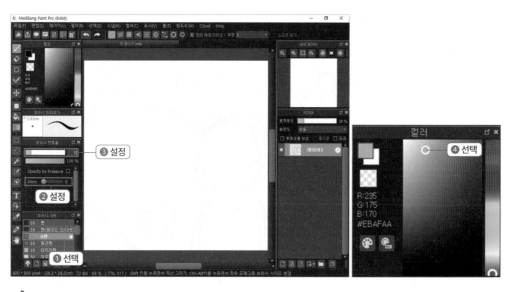

 Tip 각 PC와 태블릿 펜 세부 설정에 따라 펜의 굵기가 다르기 때문에 자신이 적절하다고 생각하는 브러시의 크기를 선택하는 것이 가장 좋습니다.

2️⃣ 형태를 잡는다고 생각하며 러프 스케치를 그려줍니다. 두 인물의 방에 있는 모습을 러프 스케치합니다. 인물의 형태를 동그란 원과 기둥을 사용하여 그려준 후, 가구들을 빈 공간에 배치해서 꽉 찬 느낌을 내줍니다. 만화는 모든 객체를 깔끔하고 확실하게 그리는 것보다는 인물들을 돋보이기 위해 객체를 배치한다고 생각하고 그려주는 것이 좋습니다.

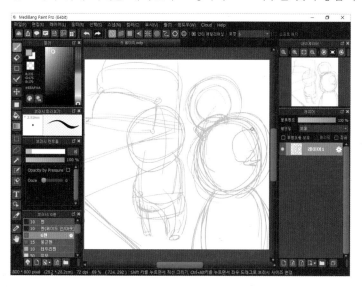

3️⃣ 러프 스케치를 확인합니다.

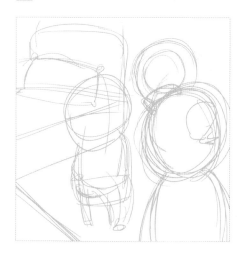

세밀하게 그리기

1 러프 스케치를 그린 [레이어1]의 위에 깔끔한 외곽선을 그리는 작업을 '선따기'라고 합니다. 이 작업을 마치면 채색 작업에 들어갈 수 있습니다. [레이어] 패널에서 러프 스케치가 그려져 있는 [레이어1]의 [불투명도]를 '18%' 정도로 설정합니다. 러프 스케치를 바탕으로 선을 그리기 위한 작업입니다.

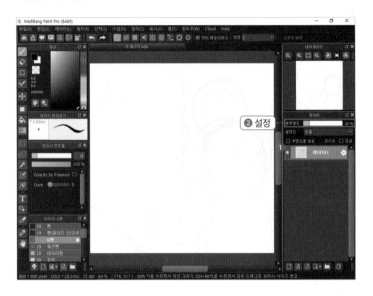

2 [레이어] 패널의 [레이어의 추가 ▣] 버튼을 클릭하여 새로운 레이어를 추가합니다. [레이어2] 가 생성됩니다. 브러시는 앞서 러프 스케치를 했던 'G펜'을 사용하겠습니다. [컬러] 패널에서 검정색 (#000000)을 선택합니다. 갈색이나 파랑색 등 원하는 선의 컬러가 있다면 자유롭게 설정해도 무관합니다.

 # 외곽선 그리는 용도의 펜 설정
[브러시] 패널 – 'G펜' 선택, Ooze 효과를 안 쓰기 때문에 '0' 입력
[브러시 컨트롤] 패널 – 굵기 '8~10' 정도로 자유롭게 선택

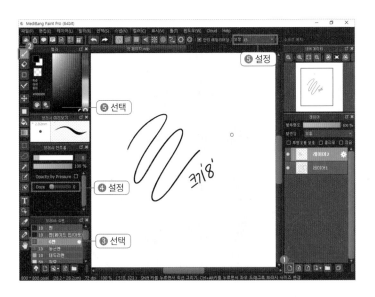

3　상단 메뉴 바의 [보정]패널에서 0에서 40까지 정도를 설정할 수 있습니다. 난희 그림체는 부드럽고 둥근 그림체이기 때문에 자연스럽고 정확한 원을 그리기 위해 보정의 힘이 필요합니다. '15' 정도의 값을 설정해주겠습니다.

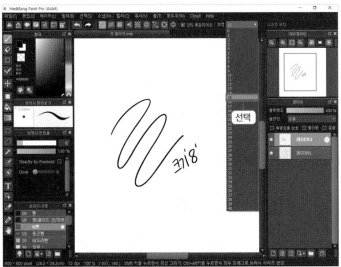

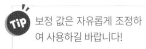
보정 값은 자유롭게 조정하여 사용하길 바랍니다!

4 깔끔하게 선을 그린다고 생각하며 러프 스케치로 잡아둔 형태를 보고 캐릭터를 그려줍니다. 묶여서 틴트를 시연당하려 하는 동생(망난희)의 표정과 틴트를 들고 있는 언니(망설임)의 행동을 잘 살려주도록 합니다. 식은땀이 송골송골 맺힌 것을 표현해주면 당황함과 긴장감의 느낌이 극대화됩니다.

5 캐릭터의 선 그리기가 완성된 이미지입니다. 오른쪽 그림은 스케치 레이어인 [레이어1]을 '보이지 않음'으로 설정한 이미지입니다.

6　주인공 캐릭터들이 위치한 배경을 그려주도록 하겠습니다. [레이어] 패널에서 [레이어의 추가
] 버튼을 클릭해 [레이어3]을 생성합니다. [브러시 툴] 을 클릭한 후 검정색이 선택되어 있는
'G펜'을 사용하여 외곽선을 그려주도록 하겠습니다.

 # 외곽선 그리는 용도의 펜 설정
[브러시] 패널 – 'G펜' 선택, Ooze 효과를 안 쓰기 때문에 '0' 입력
[브러시 컨트롤] 패널 – 굵기 '8~10' 정도로 자유롭게 선택
[보정] 패널 – '0~15~20' 정도로 자유롭게 선택

7　완성된 모습입니다.

STEP 4

채색하기

❂ **예제 파일**: 예제 및 완성 파일/Part4/Chapter4/예제_웹툰한컷그리기_Step4.psd
❂ **완성 파일**: 예제 및 완성 파일/Part4/Chapter4/예제_웹툰한컷그리기_완성본.psd

1 지금까지 그린 선 작업물에 색을 담아보려고 합니다. 이제 감이 오겠지만 채색 레이어도 새롭게 추가를 해주어야 합니다. [레이어] 패널에서 [레이어의 추가 ▨]를 클릭하면 [레이어4]가 생성됩니다. 해당 레이어에서는 인물을 채색하도록 하겠습니다.

2 [레이어] 패널의 [레이어4]를 선택한 후 블렌딩 모드를 '곱셈' 모드로 설정합니다. 선에 색상이 자연스럽게 들어가도록 하기 위함입니다. 채색을 하기 전 러프 스케치가 담긴 레이어인 [레이어1]의 체크박스를 클릭해 보이지 않음을 선택합니다. 왼쪽의 회색 동그라미를 클릭하면 '보이지 않음' 상태로 전환됩니다.

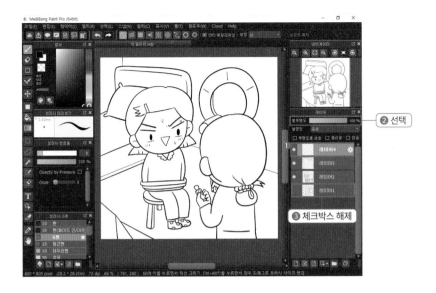

③ [버킷 🪣] 툴을 선택한 후 상단 메뉴에서 [확장] '1'을 입력합니다. 1pixel 더 여유있게 채색
이 된다는 뜻입니다. [컬러] 패널에서 살구빛 피부 색상(#FFF7ED)을 선택해 [버킷 툴 🪣]을 선
택한 후 난희의 얼굴을 클릭하여 색상을 입혀줍니다.

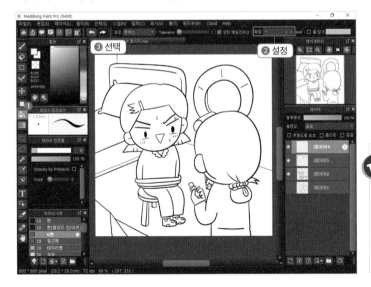

> **TiP** '예제_웹툰한컷그리기완
> 성본.png' 파일을 열어 [스
> 포이드 툴 🖊️]로 색상을 동
> 일하게 뽑아서 사용하거나
> 원하는 피부 색상을 자유
> 롭게 선택하여 사용하도록
> 합니다.

4 [버킷 툴 ]로 원하는 색상으로 채색을 하며 다 채워지지 않는 부분은 [브러시 툴 ✏]을
사용하여 꼼꼼하게 메워줍니다.

5 인물 채색이 끝났습니다.

6   캐릭터 채색을 마쳤다면 배경 채색에 들어가도록 하겠습니다. [레이어] 패널에서 [레이어의 추가 ] 버튼을 클릭하여 [레이어5]를 만들어줍니다. 앞서 했던 작업과 똑같이 [블렌딩] 모드를 '곱셈' 모드로 설정합니다.

7   채색의 순서는 상관이 없습니다. 저는 바닥부터 채색하도록 하겠습니다. [버킷 툴 ]로 색을 채운 후 [브러시 툴]로 채색이 되지 않는 부분들을 마저 채워주면 됩니다. 바닥에 어울리는 연한 갈색을 선택합니다. 바닥 영역 부분을 클릭하면 선택한 색상이 채워집니다.

예제에는 '#CEC9A3'을 바닥색으로 사용했습니다.

8 6번의 방법으로 [레이어5]에 배경을 꼼꼼히 채색합니다. 색상은 예제 파일을 참고하여 채색하거나 자유롭게 원하는 색상을 선택하여 채색합니다. 의자 다리의 안쪽과 같이 빛이 가려지는 부분은 채도를 조금 더 낮게 조정하여 채색하면 입체감이 더해집니다.

9 배경의 채색이 끝났습니다. 이렇게 웹툰 한 컷 만들기가 완성되었습니다!

태블릿과 스포이드 툴로 채색하기

메디방페인트의 색상 입력 과정이 다소 번거롭기 때문에 태블릿 펜 사용법과 스포이드 툴을 사용하는 방법을 간단히 소개합니다.

[태블릿 사용법]

태블릿 펜의 아래쪽 버튼을 누르면 [스포이드 툴 🖊] 기능이 활성화됩니다. 색상을 빠르게 뽑아내고, 바로 사용할 수 있습니다.

[스포이드 툴 사용법]

[레이어4]에서 채색 작업을 하기 앞서 [파일]-[열기]를 통해 '예제_웹툰한컷그리기_완성본.png'를 불러옵니다. 불러온 완성 이미지에서 필요한 색상을 뽑고 싶을 때에는 [스포이드 툴 🖊]을 클릭한 후, 화면을 콕 눌러주면 색상이 스포이드에 입력됩니다. 입력된 색상으로 채색을 진행하면 됩니다. 채색은 버킷 툴이나 브러시 툴 등을 선택한 후 원하는 부분을 클릭하면 됩니다.

PART

5

실전!
SNS 웹툰
그리기

SNS 웹툰을 그릴 때 자주 사용되는 작화 방식을 담아보았습니다. 화려한 색감을 담은 일러스트 방식, 해학적인 내용이 돋보이는 4컷 만화 방식, 인스타툰의 가장 기본 레이아웃을 담고 있는 난희만화 스타일로 그리기, 독특한 색감으로 개성있게 그리기가 준비되어 있습니다.

일러스트 형태로
그리기

일러스트 형태의 한 컷 웹툰을 그려보겠습니다. 화려한 색감을 가진 캐릭터를 그리고 배경에 신비로운 보라색과 핑크빛의 그라데이션을 넣어봅니다.

<table>
<tr><td>

STEP

1

</td><td>

칸 만들기

</td></tr>
</table>

1 [파일]-[신규 작성]을 클릭해 [이미지의 신규 작성] 창에서 폭 '800pixel', 높이 '00pixel', 해상도 '72dpi', 배경색을 '색 지정'-'흰색'으로 선택한 후 [확인] 버튼을 클릭합니다. 칸을 만들기 전 칸의 테두리 색으로 적용될 전경색을 지정해보겠습니다. [컬러] 패널의 [색 선택 🎨] 아이콘을 클릭한 후 나타난 [색 선택] 창에서 [HTML(H):]에 진한 고동색인 '#362C21'을 입력합니다. [확인] 버튼을 클릭하면 색이 적용됩니다.

2 칸을 만들어 보겠습니다. 메뉴의 [레이어]-[만화 칸 소재의 추가]를 클릭합니다. [칸의 프로퍼티] 창이 나타나면 [선의 폭]은 '4', [선의 색]은 '전경색'을 선택한 후 [확인] 버튼을 클릭합니다.

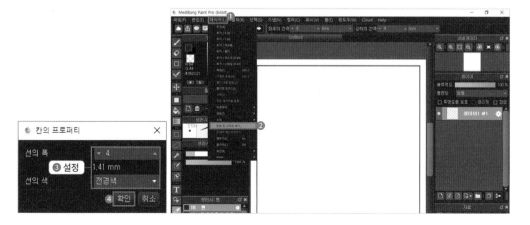

3 캔버스의 크기를 상하좌우 '35pixel' 정도 늘려주기 위해 메뉴의 [편집]-[캔버스 사이즈]를 클릭합니다.

4 [캔버스 사이즈] 창이 나타나면 '중앙'을 선택한 뒤 [폭]은 '870', [높이]는 '870'을 입력한 후 [확인] 버튼을 클릭합니다. 캔버스의 크기가 늘어난 것을 확인합니다.

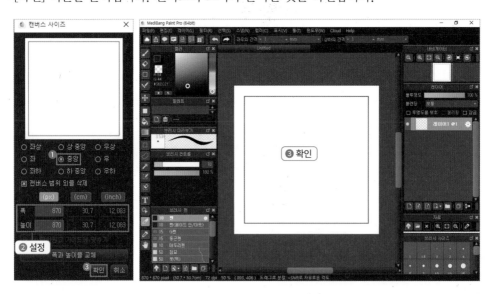

STEP
2
러프 스케치하기

1 [레이어] 패널에서 [레이어의 추가 ▯] 버튼을 클릭하여 [레이어2]를 추가한 후 러프 스케치 작업을 진행합니다. 가구와 조형물의 형태를 제대로 잡기 위해 인물보다 배경을 먼저 그려주도록 하겠습니다.

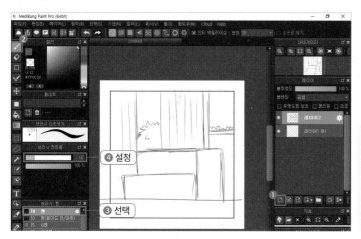

러프 스케치용 펜 설정
[브러시] 패널 – '펜' 선택
[브러시 컨트롤] 패널 – 굵기 '10'
[컬러] 패널 – 빨강색(#FF0C00)
상단 메뉴의 [보정] – '20'

2 [브러시 툴 ✏]로 인물의 형태를 잡아줍니다. 와인을 들고 나른하게 앉아 있는 캐릭터로 설정했습니다. 수정할 부분은 [지우개 툴 ◇]로 지워가며 스케치를 완성합니다.

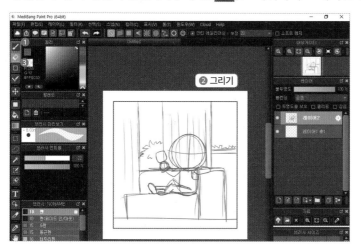

세밀하게 그리기

❖ **예제 파일**: 예제 및 완성 파일/Part5/Chapter1/예제_일러스트_1-3.mdp

1 러프 스케치를 바탕으로 세밀하게 그리는 작업을 진행해보겠습니다. 러프 스케치를 그린 [레이어2]의 [불투명도]를 '20%'로 낮춰줍니다. [레이어] 패널에서 [레이어의 추가 ▣] 버튼을 클릭하여 [레이어3]을 추가한 후 [도형브러시 툴 ▣] - [직선]을 클릭하여 바닥을 그려줍니다.

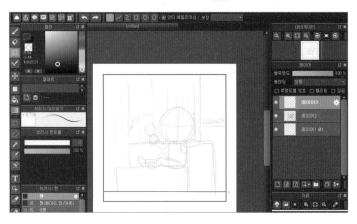

2 가구를 그리기 위해 [레이어4]와 [레이어5]를 생성하고 [도형브러시 툴 ▣]-[직사각형]을 사용하여 각각의 사각형을 나누어 그려주겠습니다. '2px' 정도의 얇은 선으로 그리며 겹치는 부분들을 지워나갑니다. 모서리 부분을 자연스럽고 동그랗게 그려주기 위해 지워놓도록 하겠습니다.

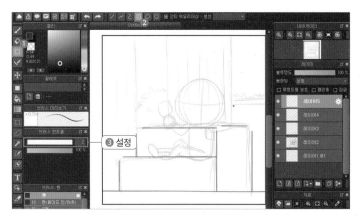

3️⃣ [브러시 툴 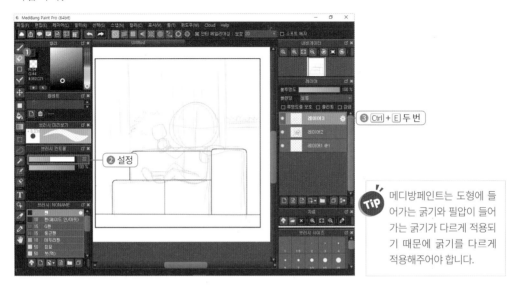] −[펜]으로 둥그런 모서리를 그려줍니다. 펜의 굵기는 '2'이 아닌, '5' 정도로 높여서 그려줘야 합니다. Ctrl + E를 2번 눌러 [레이어5], [레이어4], [레이어3]를 하나로 합쳐줍니다.

> 💡 **Tip**
>
> 메디방페인트는 도형에 들어가는 굵기와 필압이 들어가는 굵기가 다르게 적용되기 때문에 굵기를 다르게 적용해주어야 합니다.

4️⃣ [레이어의 추가 📄] 버튼을 클릭하여 [레이어4]를 생성해줍니다. [도형브러시 툴 ⬜] −[직선]을 선택하여 커튼을 그려줍니다. [지우개 툴 ◆]을 클릭하여 선이 삐져나온 부분을 지워줍니다.

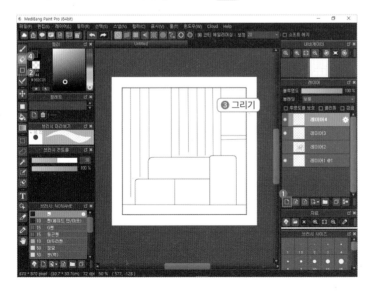

5 배경 선이 그려진 레이어들을 하나의 그룹 안에 넣어주도록 하겠습니다. [레이어] 패널 하단의 [레이어의 추가 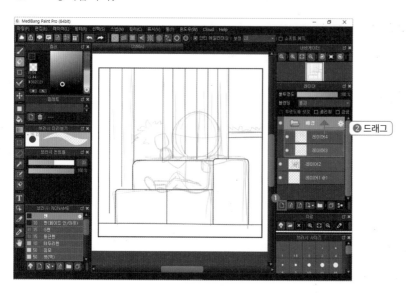]를 클릭한 후 선 레이어인 [레이어3], [레이어4]를 드래그하여 [배경] 안으로 넣어줍니다.

6 배경 선이 그려진 레이어 그룹 [배경]을 선택합니다. [배경]의 그룹 [불투명도]를 '43'로 낮추어줍니다. 인물을 그리기 위해 잠시 불투명하게 형태를 남기는 것입니다.

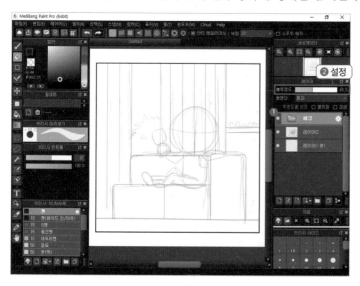

7 [레이어] 패널에서 [레이어의 추가 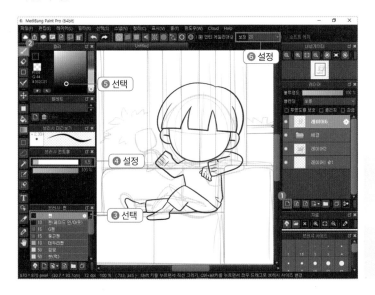]를 클릭해 [레이어6]을 추가한 후 인물 선 작업을 시작합니다.

 # 인물 선 작업
[브러시] 패널 – '펜' 선택
[브러시 컨트롤] 패널 – 굵기 '6.5'
[컬러] 패널 – #362C21
[보정] 패널 – '20'

8 인물 선 작업이 끝나면 인물의 뒤로 들어가는 배경 부분을 지워주도록 하겠습니다. 깔끔하고 편리하게 채색하기 위함입니다. [배경] 폴더 안의 [레이어4]를 클릭한 후 단축키 Ctrl + E 를 눌러 레이어들을 하나로 합쳐줍니다. 합쳐진 배경에서 인물에 겹쳐지는 안쪽 부분들을 [지우개 툴]로 지워줍니다.

채색하기

❂ **예제 파일**: 예제 및 완성 파일/Part5/Chapter1/예제_일러스트_1-4.mdp
☢ **완성 파일**: 예제 및 완성 파일/Part5/Chapter1/예제_일러스트_완성본.mdp

1 [레이어] 패널에서 [레이어의 추가 ▣] 버튼을 클릭하여 새로운 레이어를 추가합니다. 새로 추가한 레이어는 [레이어2]의 위로 배치해줍니다. [버킷 툴 ▧]을 사용하여 밑색을 채색해줍니다. 색상은 예제 파일의 색상을 참고하거나 원하는 색상을 자유롭게 선택해도 됩니다. 난희 볼 터치는 [브러시 툴 ✎]로 그립니다.

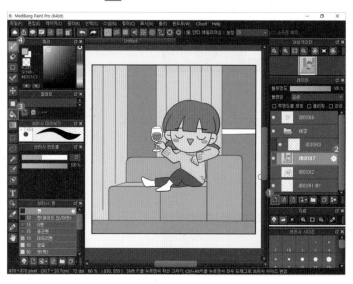

2 [레이어] 패널에서 [레이어의 추가 ] 버튼을 클릭하여 [레이어8], [레이어9]를 추가합니다. [레이어8]에는 소파의 밝은 부분들을 칠해주고, [레이어9]에는 머리의 윤기와 귀의 어두운 그림자 부분을 그려주도록 하겠습니다.

명암 추가 펜 설정
[브러시] 패널 – '펜' 선택
[브러시 컨트롤] 패널 – 굵기 '25'
[보정] 패널 – '20'

3 창문 부분에 이중 그라데이션을 넣어 야경을 아름답게 만들어보려 합니다. 먼저 새로운 레이어 [레이어10]을 추가합니다. [자동 선택 툴 ]을 선택하고 보라색 창 부분들을 클릭하여 선택 영역으로 만들어줍니다. Shift 를 누른 채 선택하면 기존 선택 영역에서 선택 영역을 더욱 추가할 수 있습니다. 조금 더 밝은 보라색을 선택한 뒤 [그라데이션 툴 ]을 클릭하고 드래그하여 그라데이션을 넣어줍니다. 상단 메뉴 바에서 [타입]은 '전경'으로 선택합니다.

[색상] 레벨 – 그라데이션
#C389C8

4 [그라데이션 툴 ]을 클릭하고 밝은 분홍색을 선택한 뒤 아래 부분에 한 번 더 드래그하여 그라데이션을 추가합니다.

[컬러] 패널 – 그라데이션
#FFACE8

5 그라데이션 작업을 마치면 [레이어] 패널에서 그라데이션이 담긴 [레이어10]의 블렌딩 모드를 [하드 라이트]로 변경합니다. 은은하고 자연스러운 블렌딩 효과가 연출됩니다.

6 배경의 객체들을 추가해보도록 하겠습니다. 앞에서 그린 그라데이션 레이어인 [레이어10]의 체크박스를 클릭해 잠시 꺼준 상태에서 그리는 것이 편합니다. 도시의 야경을 표현하기 위해 밑색이 깔린 [레이어7]에 어두운 건물들을 그려줍니다.

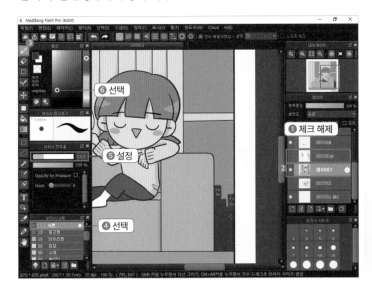

[브러시] 패널 – '펜' 선택
[브러시 컨트롤] 패널 – 굵기 '13.3'
[색상] 패널 – #4B3F4A

7 다시 [레이어10]의 체크박스를 클릭하여 켭니다. 그라데이션이 담겨있는 [레이어10]에서 [브러시 툴 🖌]로 불꽃놀이의 형상을 그려줍니다

[브러시] 패널 – 'G펜' 선택
[브러시 컨트롤] – 굵기 '5'
[색상] 패널 – #A4F4A3

8 [그라데이션 툴 ]로 커튼, 쇼파에 연보라색 그라데이션을 넣어주도록 하겠습니다. 새 레이어 [레이어11]을 추가한 후 밑색이 채색되어 있는 [레이어7]의 위로 옮겨줍니다. [레이어] 패널에서 클리핑 모드를 체크합니다.

● 추가 후 이동

9 [자동 선택 툴 🪄]로 커튼 영역을 선택합니다. [컬러] 패널에서 연한 보라색 색상을 선택한 후 [그라데이션 툴 █]을 클릭하고 커튼 부분에 드래그하여 잔잔하게 그라데이션을 더해줍니다. 소파도 같은 방법으로 그라데이션을 줍니다.

커텐 : #dbb8e5
소파 : #cca9ae

10 마지막으로 새 [레이어12]를 하나 더 추가한 후 로고를 그려 넣어줍니다.

로고용 펜 설정

[브러시] 패널 – '펜' 선택

[브러시 컨트롤] 패널 – 굵기 '4'

상단 메뉴의 [보정] – '0'

4컷 만화로 그리기

해학적인 내용의 4컷 만화를 그려보도록 하겠습니다. 앞서 배웠던 [만화 칸 소재의 추가] 기능을 사용하여 칸을 나누고, 선명한 색상과 캐릭터들의 배치를 통해 간결하고 깔끔한 느낌을 주도록 하겠습니다.

칸 만들기

1 칸을 만들기 위해 신규파일을 만듭니다. 칸을 만들기 위해 메뉴에서 [레이어]−[만화 칸 소재의 추가]를 클릭합니다.

2 [칸의 프로퍼티] 창이 나타나면 [선의 폭]을 '3'으로 [선의 색]은 '검정'으로 선택한 후 [확인] 버튼을 클릭합니다. [레이어1]에 칸이 추가된 것을 볼 수 있습니다.

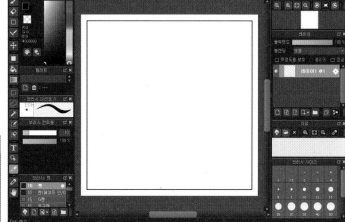

3️⃣ 만들어진 한 칸을 4개의 칸으로 만들어보도록 하겠습니다. 상단 메뉴에서 [표시]-[그리드]를 클릭합니다. 정확히 자르기 위해 화면 위에 그리드를 표시하는 과정입니다.

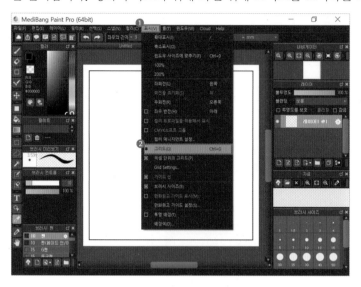

4️⃣ 그리드가 표시되었다면 이제 자르는 작업을 해보도록 하겠습니다. [칸 나누기 툴 ✏️]을 선택한 후 상단의 메뉴 바에 있는 [좌우의 간격] 탭의 값을 '9mm', [상하의 간격] 값을 '9mm'로 설정합니다.

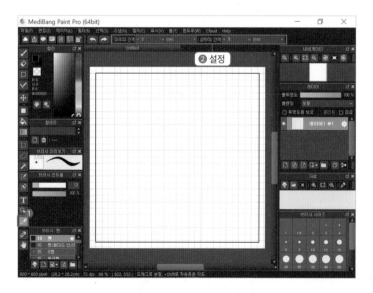

5 [칸 나누기 툴 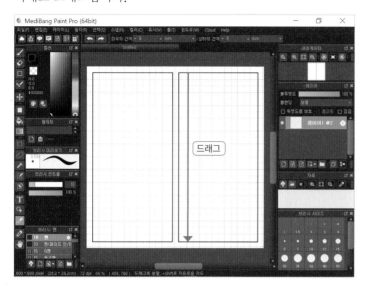]이 선택된 상태에서 화면에 있는 칸의 반을 자른다고 생각하고 위에서
아래로 드래그합니다.

6 좌우로도 칸의 반을 자른다고 생각하고 왼쪽에서 오른쪽으로 드래그하여 나누어줍니다.

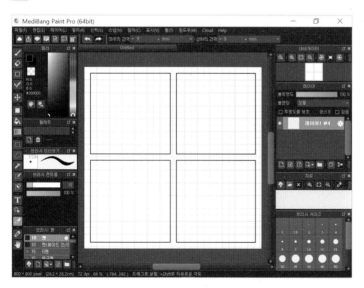

7 메뉴에서 [표시]–[그리드]를 클릭하면 그리드가 해제됩니다.

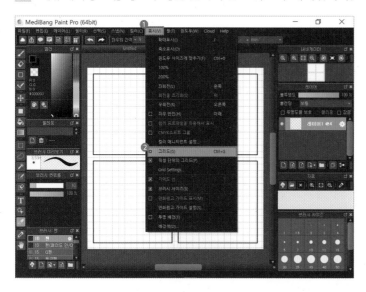

8 유실을 막기 위해 '칸.psd' 파일로 저장해두도록 하겠습니다. 메뉴에서 [파일]–[다른 이름으로 저장]을 클릭합니다. [이미지의 저장] 창이 나타나면 원하는 파일 이름을 '칸'으로 입력하고 'mdp' 형식을 선택한 후 [저장] 버튼을 클릭합니다.

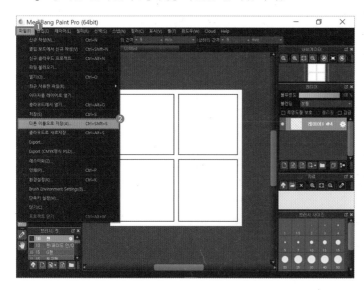

STEP 2

러프 스케치하고 세밀하게 그리기

1️⃣ 4컷 만화의 러프 스케치 작업을 시작하기 위해 [레이어] 패널에서 [레이어의 추가 🗐] 버튼을 클릭한 후 [레이어2]를 추가합니다.

[브러시] 패널 – '펜' 선택
[브러시 컨트롤] 패널 – 굵기 '7'
색상: 빨강색(#FF0C00)
[보정] 패널 – 보정: 0~10

2️⃣ 러프 스케치를 끝냈다면 [레이어2]의 [불투명도]를 '30%' 정도로 낮추어줍니다. [레이어] 패널에서 [레이어의 추가 🗐] 버튼을 클릭하여 [레이어3]을 추가한 후 선 따기 작업을 시작합니다.

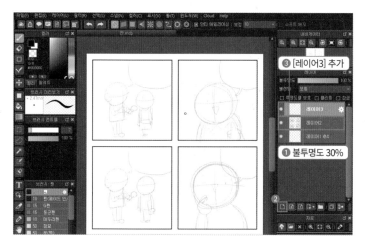

3 [브러시 툴 ]로 캐릭터들의 형태를 그려줍니다.

[브러시] 패널 – '펜' 선택
[브러시 컨트롤] 패널 – 굵기 '7'
[색상] 패널 – 검정색 (#000000)
[보정] 패널 – 0~20

4 첫 번째 칸과 세 번째 칸에 들어가는 MC 캐릭터의 모습이 동일하기 때문에 복사하여 붙여넣기합니다. [Lasso Tool ]을 클릭한 후 MC 캐릭터가 있는 주변을 드래그하여 선택합니다. 영역이 올바르게 지정되었다면 Ctrl + C를 눌러 복사합니다.

5 붙여넣기 단축키인 Ctrl + V를 눌러주면 MC 캐릭터가 그려진 부분이 복제됩니다. [이동 툴 ✛]을 클릭한 후 Shift를 누른 채로 아래로 드래그하여 MC 캐릭터의 위치를 세 번째 칸으로 옮겨 줍니다. 이동이 완료되었다면 선택 영역 해제 단축키인 Ctrl + D를 눌러 선택 영역을 해제합니다.

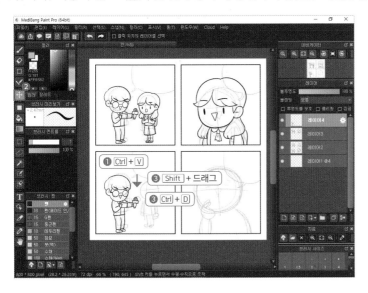

6 [브러시 툴 ✐]로 세 번째 칸과 네 번째 칸에 난희 캐릭터를 그려줍니다. 레이어 합치기 단축키인 Ctrl + E를 눌러 [레이어4]와 [레이어3]을 하나로 합쳐줍니다.

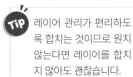 레이어 관리가 편리하도록 합치는 것이므로 원치 않는다면 레이어를 합치지 않아도 괜찮습니다.

7️⃣ 배경을 그리도록 하겠습니다. [레이어] 패널에서 [레이어의 추가 🗋] 버튼을 클릭하여 [레이어4]를 추가한 후 [도형브러시 툴 ▣]의 [직사각형]을 클릭하여 낮은 턱의 형태를 만들어줍니다.

[브러시 컨트롤] 패널 – 굵기 '2'

8️⃣ 레이어를 하나 더 추가하여 벽돌 무늬를 그려주겠습니다. [레이어] 패널에서 [레이어의 추가 🗋] 버튼을 클릭하여 [레이어5]를 만들어줍니다. [브러시 툴 🖌]–[펜]을 선택하여 세로의 벽돌처럼 보이도록 직선을 그려줍니다. 삐져나온 부분들은 [지우개 툴 ◆]로 지워줍니다.

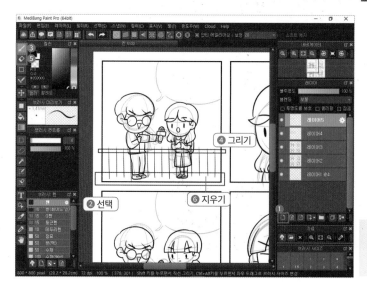

[브러시 컨트롤] 패널 – 굵기 2–4

9 레이어를 하나 더 추가하여 잔디의 형태를 그려줍니다. [레이어] 패널에서 [레이어의 추가
] 버튼을 클릭하여 [레이어6]을 만들어줍니다. [브러시 툴] - [펜]을 선택하여 푸슬푸슬한
잔디의 형태를 그려줍니다.

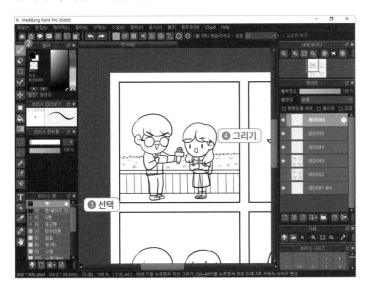

10 레이어 합치기 단축키인 Ctrl + E 를 2번 눌러 [레이어4], [레이어5], [레이어6]을 하나로 합쳐
[레이어4]로 만들어줍니다. 깔끔하게 지우기 위해서 하나로 합쳐준 것입니다.

11 완성된 배경을 세 번째 칸에도 똑같이 붙여 넣어주도록 하겠습니다. 전체 영역을 선택하는 단축키 Ctrl + A 를 누른 후 레이어 복제 단축키 Ctrl + J 를 클릭합니다. [레이어4]가 복제되어 [레이어4]가 하나 더 생성됩니다.

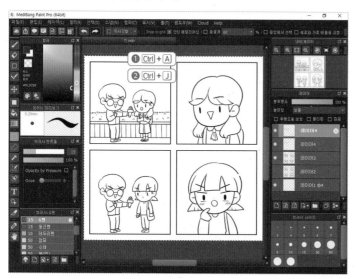

12 복제된 [레이어4]를 세 번째 칸으로 이동해주도록 하겠습니다. [이동 툴 ✛]을 클릭한 후 복제된 [레이어4]를 [레이어3] 위로 드래그합니다. 잔디풀이 그려진 영역을 클릭한 후 아래로 드래그해 이동합니다.

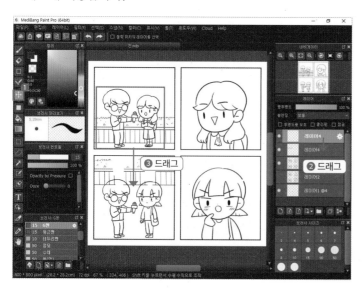

13 Ctrl + D를 클릭하여 선택 영역을 해제합니다. 복제된 [레이어4]와 [레이어4]를 하나로 합쳐주겠습니다. Ctrl + E를 클릭하면 두 레이어가 하나로 합쳐집니다.

14 캐릭터와 배경이 겹쳐지는 선의 부분들을 [지우개 툴 ◆]로 깔끔하게 지워줍니다.

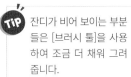
TiP 잔디가 비어 보이는 부분들은 [브러시 툴]을 사용하여 조금 더 채워 그려줍니다.

채색하기

💿 **예제 파일**: 예제 및 완성 파일/Part5/Chapter2/예제_4컷_1-3.mdp
💿 **완성 파일**: 예제 및 완성 파일/Part5/Chapter2/예제_4컷_1-4.mdp

1 채색을 하기 위해 새 레이어를 추가해주겠습니다. [레이어] 패널에서 [레이어의 추가 🔲] 버튼을 클릭하면 [레이어5]가 생성됩니다.

2 [버킷 툴 🪣]을 사용하여 꼼꼼하게 색을 채워줍니다. 알맞은 색상을 선택하여 빈 공간을 클릭하면 색상이 입혀집니다.

⑧ [레이어] 패널에서 [레이어의 추가 ] 버튼을 클릭합니다. [브러시 툴 ▨]과 [버킷 툴 ▧]
을 사용하여 첫 번째 줄 두 번째 칸의 배경을 그려줍니다. 캐릭터를 강조하기 위해 돈의 모양을
선이 없는 형태로 그려주어 돈이 떨어져서 쌓인 듯한 배경을 완성합니다.

> **Tip**
> 멀리 있는 건물은 채도가
> 낮고 탁한 녹색으로 그려주
> 고, 가까이서 떨어지는 지
> 폐는 밝은 연두색으로 그려
> 주어 색상에 따른 원근감을
> 보여주도록 합니다.

④ 네 번째 칸의 배경을 완성하겠습니다. [레이어] 패널에서 [레이어의 추가 ▨] 버튼을 클릭하
여 [레이어7]을 만들고, [브러시 툴 ▨]로 돌의 형태를 그립니다. 채색을 하기 위해 [레이어8]을
하나 더 추가하여 [버킷 툴 ▧]로 색상을 입혀줍니다.

⑤ 밝은 영역과 어두운 영역을 강조하는 명암을 표현해주겠습니다. [레이어] 패널에서 [레이어의 추가 ] 버튼을 클릭하여 [레이어9]를 추가합니다. [브러시 툴]–[펜], 굵기는 '15'로 선택한 후 밝은 색상으로 머리의 윤기를 표현해줍니다. 그 다음 귀의 그림자, 인터뷰를 하는 학생의 다리는 채도와 밝기가 살짝 어두운 색상을 선택하여 채색해줍니다.

⑥ 말풍선을 그려주도록 하겠습니다. [레이어] 패널에서 [레이어의 추가]를 클릭하여 [레이어10]을 추가합니다. [브러시 툴]–[펜]굵기는 '7'로 선택한 후 4개의 칸에 동그란 말풍선을 그려줍니다.

7 그대로 말풍선을 채색하면 색상이 겹치기 때문에 칸을 정의하고 있는 레이어인 [레이어1]의 위치를 [레이어] 패널의 맨 위로([레이어10] 위로) 옮겨줍니다. 마우스로 클릭한 후 맨 위로 드래그하면 됩니다.

8 말풍선을 채색하기 위해 [레이어] 패널에서 [레이어의 추가 📄]를 클릭하여 [레이어11]을 추가합니다. 말풍선을 채색할 [레이어11]은 말풍선의 외곽선이 담긴 [레이어10] 아래에 위치해야 합니다. 레이어의 위치를 옮긴 후 [레이어11]에서 말풍선의 안쪽을 흰색으로 채워주겠습니다. [버킷 툴 🪣]을 선택하여 색상을 채운 후 다 채워지지 않은 부분을 [브러시 툴 🖌]로 꼼꼼하게 채워줍니다.

9 채색 작업을 마무리하기 위해 심심한 부분들을 조금 더 채워주도록 하겠습니다. [레이어8]을 선택한 후 [브러시 툴 ]-[G펜]으로 바다에 반짝이는 윤슬을 표현해주었습니다. 돌이 물에 젖어 조금 더 어두워진 영역을 어두운 회색으로 채워줍니다.

STEP 4

말풍선에 글자 넣기

☢ **예제 파일**: 예제 및 완성 파일/Part5/Chapter2/예제_4컷_1-4.mdp
☢ **완성 파일**: 예제 및 완성 파일/Part5/Chapter2/예제_4컷_완성본.mdp

1 [텍스트 툴 **T**]을 클릭한 후 문서에서 클릭하면 [텍스트 편집] 창이 나타납니다. [텍스트 편집] 창에서 아래 내용을 설정하고 대사를 입력한 후 [확인] 버튼을 클릭합니다. 첫 번째 칸과 세 번째 칸의 대사는 동일합니다. 말풍선 글자는 중심에 맞추기 위해 [이동 툴]로 조절합니다.

폰트 명: 나눔바른고딕
글꼴 크기: 25
글꼴 간격: −1
줄 간격: 2
'왼쪽 맞춤'
글꼴 색: 검정
내용: 다음 생에는 무엇으로 태어나고 싶나요?

2 두 번째 칸과 네 번째 칸에 들어갈 대사도 입력합니다. [텍스트 툴 **T**]을 클릭한 후 문서를 클릭하면 나타나는 [텍스트 편집] 창에서 아래 내용을 설정하고 대사를 입력한 후 [확인] 버튼을 클릭합니다. 말풍선 글자를 중심에 맞추기 위해 [이동 툴 ✛]로 조절합니다.

폰트 명: 나눔바른고딕
글꼴 크기: 35
글꼴 간격: −2
줄 간격: 3
'왼쪽 맞춤'
두 번째 칸의 내용: 대기업
총수의 첫째 딸이요!!
네 번째 칸의 내용: 바닷가
에 사는 커다란 돌..?

3 로고를 넣기 위한 여백을 만들기 위해 캔버스 사이즈를 조정하도록 하겠습니다. 메뉴에서 [편집]−[캔버스 사이즈]를 클릭합니다. 캔버스의 넓이를 상하좌우 '15px'씩 키우고자 합니다. 나타난 [캔버스 사이즈] 창에서 '중앙'을 선택한 후 폭 '830', 높이 '830'을 입력하고 [확인] 버튼을 클릭합니다.

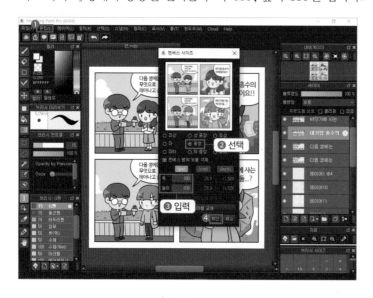

④ 캔버스의 넓이가 조정되었습니다. 마지막으로 로고를 그려주겠습니다. [레이어] 패널에서
[레이어의 추가 ]를 클릭하여 [레이어16]을 추가한 후 [브러시 툴 ✏]-[G펜], 굵기 '5'를 선
택해 로고를 그려줍니다.

[브러시 컨트롤] 패널 – 굵기 '5'

⑤ 네 컷 만화가 완성되었습니다.

난희 만화 스타일로 그리기

인스타툰이나 페이스북툰에서 자주 사용되는 기본 레이아웃인 글씨 + 인물 형태의 작화 방식입니다. 나레이션 박스를 사용하지 않고, 주 내용을 임팩트 있는 폰트로 상단에 배치하여 10컷 이내로 내용을 마무리지을 수 있도록 해줍니다.

러프 스케치하기

1 [파일]-[신규 작성]을 클릭한 후 [이미지의 신규 작성] 창에서 폭 '800pixel', 높이 '800pixel', 해상도 '72', 배경색은 '색 지정'-'흰색'을 선택한 후 [확인] 버튼을 클릭합니다. 파일의 유실을 막기 위해 미리 저장을 해두도록 하겠습니다. 메뉴에서 [파일]-[다른 이름으로 저장]을 클릭한 후 나타난 [이미지의 저장] 창에서 파일 이름은 '난희만화'로, 파일 형식은 'MediBang Paint Pro (*.mdp)' 선택한 후 [확인] 버튼을 클릭합니다.

2 [레이어1]에는 러프 스케치 작업을 하겠습니다. 밝고 잘 보이는 빨강색을 선택하여 캐릭터의 형태와 가구들을 스케치하도록 하겠습니다. [브러시 툴 ]-[펜]을 사용하여 아래의 설정으로 스케치를 진행합니다.

[브러시 컨트롤] 패널 – 굵기 '10' 혹은 자유롭게 선택
[컬러] 패널 – 빨강색의 색상 자유 선택 혹은 '#FF0000' 입력
[보정] 패널 – '20' 혹은 자유롭게 선택

3 러프 스케치 작업이 끝나면 [레이어1]의 [불투명도]를 '30%'로 줄인 후 [레이어] 패널에서 [레이어의 추가] 버튼을 클릭하여 [레이어2]를 추가한 후 브러시를 선택해 굵기 '7'로 선 따기 작업을 진행합니다.

❶ 불투명도 30%

[브러시 패널] – '펜' 선택
[브러시 컨트롤] 패널 – 굵기 '7'

4 [레이어] 패널에서 [레이어의 추가 ]를 클릭하여 [레이어3]을 추가해 책상과 의자를 그려줍니다. 책상과 같이 직선의 형태를 그릴 때에는 [도형브러시 툴 ▢]의 [직선]을 활용하면 편리합니다. [지우개 툴 ◈]을 사용하여 캐릭터의 몸과 물건, 머그컵에 겹치는 선을 깔끔하게 지워줍니다.

5 [레이어] 패널에서 [레이어의 추가 ▢]를 클릭하여 [레이어4]를 추가한 후 레이어 불투명도를 '30%'로 설정한다. [브러시 툴 🖌]−[펜]으로 눈, 코, 입을 그려줍니다. 눈, 코, 입은 여러 번 수정하며 그리기 때문에 새 레이어를 추가해서 그리는 것을 추천합니다.

채색하고 글자 넣기

⚛ **예제 파일**: 예제 및 완성 파일/Part5/Chapter3/예제_난희만화_스케치.mdp
⚛ **완성 파일**: 예제 및 완성 파일/Part5/Chapter3/예제_난희만화_완성본.mdp

1 [레이어] 패널에서 [레이어의 추가 🗋]를 클릭하여 [레이어5]를 추가합니다. 러프 스케치가 보이지 않도록 [레이어1]은 체크박스를 클릭하여 해제합니다. 밑색을 깔아주기 위해 [버킷 툴 🪣]로 색을 하나씩 채워줍니다. 다 채워지지 않는 부분들은 [브러시 툴 🖌]로 꼼꼼하게 채워줍니다. 색상 코드는 완성 파일을 참고하거나 원하는 색을 채색합니다.

2️⃣ [레이어] 패널에서 [레이어의 추가 🗋]를 클릭하여 [레이어6]을 추가합니다. 명암 작업을 진행하기 위해 [버킷 툴 🪣]과 [브러시 툴 🖌️]을 이용하여 머리의 윤기, 귀의 그림자, 목 부분의 그림자, 가구와 물건들의 그림자 등을 채도와 밝기가 조금 더 낮은 색을 선택하여 꼼꼼하게 채워줍니다.

3️⃣ 글자를 넣겠습니다. 저는 네이버에서 제공하는 '나눔명조 ExtraBold'체를 자주 사용합니다. 해당 폰트는 무료로 다운로드할 수 있습니다. 만약 폰트를 PC에 새로 설치하였다면 메디방페인트를 종료한 후 다시 실행해야 폰트를 사용할 수 있습니다.

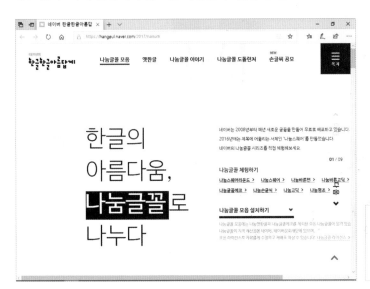

네이버 나눔명조 다운로드 링크

https://hangeul.naver.com/2017/nanum

4 [텍스트 툴 **T**]을 클릭한 후 글자가 들어갈 캔버스를 클릭하면 [텍스트 편집] 창이 나타납니다. [텍스트 편집] 창에서 아래의 설정대로 내용을 작성한 후 [확인] 버튼을 클릭하면 화면에 글자가 추가됩니다.

폰트 명: 나눔명조
ExtraBold
글꼴 크기: 53
글꼴 간격: −4
줄 간격: 8
'가운데 맞춤' 선택
내용: 프리랜서 생활을
하면서 깨달은 점이 하나
있다.

5 추가된 글자를 마우스로 드래그하여 위치를 조정해줍니다.

6　만화 한 컷이 완성되었습니다. 메뉴에서 [파일]-[다른 이름으로 저장]을 클릭한 후 파일 이름은 '난희만화'로 파일 형식은 'PNG(*.png)'로 선택한 후 [저장] 버튼을 클릭하면 이미지가 저장됩니다. 이 형식으로는 레이어가 저장되지 않습니다. 진행하시겠습니까?]라는 알림 창이 나타나면 [확인] 버튼을 클릭합니다.

7　[저장 설정] 창이 나타나면 '24-bit PNG'로 저장한 후 [확인] 버튼을 클릭합니다.

8　다음과 같이 완성된 이미지가 나타납니다.

chapter

4

개성있게
그리기

일반적인 색상을 사용하지 않고 유니크한 느낌의 색상들을 사용하여 디자인적인 느낌을 주는 작화 방식입니다. Ooze 기능을 사용하여 연필로 그린 듯한 선을 연출해주는 것이 특징입니다.

러프 스케치하기

1 러프 스케치를 하기 위해 신규 파일을 만듭니다. [브러시 툴 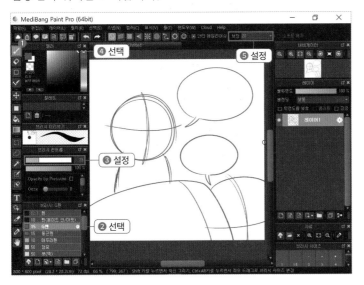]을 이용하여 인물의 형태와
말풍선의 위치를 그려줍니다.

[브러시] 패널 – '펜' 선택
[브러시 컨트롤] 패널 – 굵기 '15'
[컬러] 패널 – 빨강색의 색상 자유 선택 혹은 '#FF0000' 입력
[보정] 패널 – '20'

2 러프스케치가 완성되면 [레이어1]의 불투명도를 '24%'로 낮춘 후 [레이어] 패널에서 [레이어의 추가 ] 버튼을 클릭하여 [레이어2]를 추가합니다. [레이어2]에는 선 작업을 진행해보려고 합니다. [브러시 툴 ]을 이용하여 색연필로 그린 듯한 느낌을 연출합니다.

[브러시 컨트롤] 패널 –
'펜' 선택
Ooze 값 – 5
[컬러] 패널 – 진한 남색
(#254A8E)

3 누워있는 캐릭터는 [내비게이터] 패널의 회전 버튼들을 사용하여 캔버스를 회전시킨 후 그리면 편리합니다. [우회전 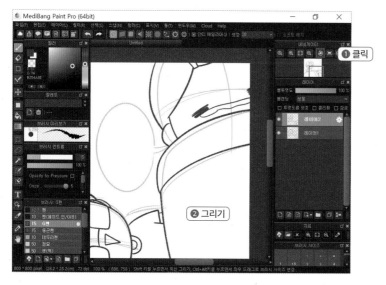] 버튼을 클릭하여 화면을 돌려서 스케치를 마저 진행해보도록 하겠습니다.

4 [회전 해제 ] 버튼을 클릭하면 원래의 캔버스로 돌아옵니다.

5 그림이 완성되었습니다.

⊕ **예제 파일**: 예제 및 완성 파일/Part5/Chapter3/예제_유니크_스케치.mdp
⊕ **완성 파일**: 예제 및 완성 파일/Part5/Chapter3/예제_유니크_완성본.mdp

1 채색 작업을 진행하기 위해 [레이어] 패널에서 [레이어의 추가 📄] 버튼을 클릭하여 [레이어
3]을 추가합니다. 부드러운 느낌의 색상들을 선택하여 [버킷 툴 🪣]로 색상을 입혀주겠습니다.

| #30639C | #ECF3FA | #E8E5PA | #7ACB77 |

2 [레이어] 패널에서 [레이어의 추가 ] 버튼을 클릭하여 [레이어4]를 추가합니다. 인물들의 대사를 손글씨로 써주도록 하겠습니다. 글씨를 쓸 때에는 보정 값을 낮춰서 작업하는 것이 좋습니다.

3 그림이 완성되었습니다.

PART

실전!
인스타그램,
페이스북
시작하기

인스타그램과 페이스북에서 웹툰을 보여주기 위해 SNS 웹툰 계정을 관리하는 방법에 대해 다룹니다. SNS 웹툰 계정은 웹툰을 올리는 것도 중요하지만 SNS를 관리하는 방법이 중요합니다. 인스타그램을 크리에이터 계정으로 변경하고 관리하는 팁과 페이스북 페이지를 관리하는 팁을 알려줍니다.

인스타그램 크리에이터 계정 운영하기

인스타그램 일반 계정을 크리에이터 계정으로 변환하고 관리하는 방법에 대해 알아봅니다. 작가 계정은 인사이트가 제공되어 콘텐츠 도달 수치를 확인할 수 있으며 메시지함이 주요와 일반, 두 가지의 탭으로 나뉘게 됩니다. 또한 비공개 계정으로 설정하는 것이 안 되기 때문에 계정을 비공개하고 싶다면 크리에이터 계정을 일반 계정으로 전환시켜주어야 합니다.

크리에이터 계정으로 전환하기

인스타그램의 일반 계정에서 크리에이터 계정으로 전환하는 과정을 설명하도록 하겠습니다.

1 인스타그램에 로그인한 후 [메뉴] 버튼을 클릭합니다.

2 나타난 메뉴에서 하단의 [설정]버튼을 클릭합니다.

3 설정 메뉴 중 [계정] 버튼을 클릭합니다.

4 스크롤을 아래로 내리면 보이는 파란색의 [프로페셔널 계정으로 전환]을 클릭합니다.

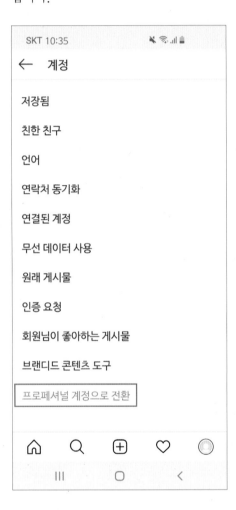

5 [크리에이터] 탭과 [비즈니스] 탭 중에서 [크리에이터] 탭을 선택한 후 [다음] 버튼을 클릭합니다.

6 [크리에이터] 계정의 장점에 대한 설명을 읽어본 후 [다음] 버튼을 클릭합니다.

7 자신에게 가장 잘 맞는 카테고리를 설정합니다. 여기서 선택한 카테고리명은 인스타그램 계정 상단에 표시됩니다.

8 웹툰과 연관된 카테고리는 예술가, 작가가 있습니다. '예술가'를 검색하고 [예술가]를 선택한 후 [다음] 버튼을 클릭합니다.

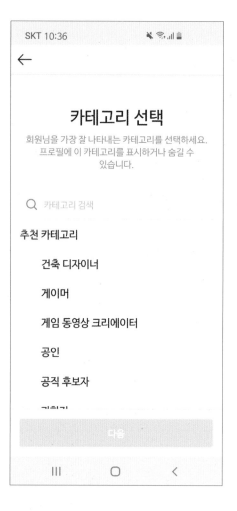

연락처를 입력하는 창이 나타나면, 이메일 주소만 입력한 후 [다음] 버튼을 클릭합니다. 개인 전화번호는 정보 보호를 위해 입력하지 않는 것을 추천합니다.

Facebook 연결에 관한 창이 나타나면 자신의 페이스북 페이지를 연결할 수 있습니다. 원하지 않는다면 하단의 [지금 Facebook에 연결 안 함]을 클릭합니다.

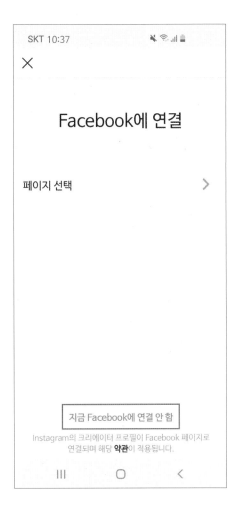

11 프로필에 카테고리 레이블과 연락처 정보를 표시할 것인지 물어보는 창이 나타납니다. 표시를 원하면 체크박스를 체크한 후 [완료] 버튼을 클릭합니다.

12 [확인]을 클릭하면 작가 계정 등록이 완료되었습니다.

13 인스타그램 프로필 탭에 '예술가'라는 카테고리 레이블과 이메일 버튼이 생긴 것을 확인할 수 있습니다.

14 메뉴에서 [인사이트]에 들어가면 콘텐츠의 도달률과 팔로워 증가, 감소율 등의 세부 정보를 확인할 수 있습니다.

 콘텐츠 도달률이란 본인의 콘텐츠가 얼마나 많은 사람들에게 도착했는지, 즉 콘텐츠를 소비한 사람의 수를 의미합니다.

인스타그램 계정 관리 꿀팁

1 인스타그램 관련 서비스를 사용해보자!

❶ 인스타 공백 조절 사이트, 인스타공백닷컴

인스타그램은 Enter↵를 통한 줄바꾸기는 한 줄까지만 적용됩니다. 두 줄 이상의 줄바꾸기가 적용되지 않기 때문에 자신이 원하는 스타일로 공백을 설정하는 것이 어렵습니다. 공백을 복사하여 메모장에서 작성하는 방법도 있지만 조절을 잘못하면 문단 자체가 망가지거나 띄어쓰기가 예쁘게 되지 않아 글을 다시 수정하게 되는 사태가 벌어집니다. 글을 수정하면 게시글의 도달률에 영향을 끼칠 수 있기 때문에 한 번 올릴 때 오류 없이 제대로 올리는 것이 중요합니다. 다음과 같은 공백 조절 사이트를 사용하면 자유롭게 줄바꾸기와 공백을 적용할 수 있습니다.

인스타공백닷컴 https://instablank.com/ko

- 인스타그램으로 5줄의 [Enter↵](줄바꾸기)를 입력하고 업로드한 경우

▲ 작성 화면

▲ 결과 화면

- 인스타공백닷컴에서 5줄의 Enter↵(줄바꾸기)를 입력하고 변환된 내용을 복사한 후 붙여넣기하여 업로드한 경우

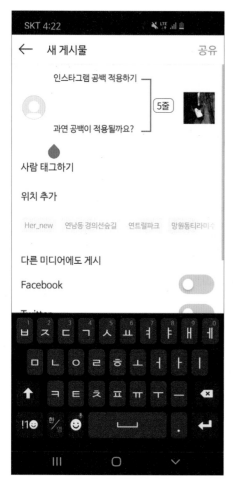

▲ 작성 화면

▲ 결과 화면

❷ 인스타그램 이미지 조정 앱, 인스타사이즈

아이폰 앱스토어 or 구글 플레이스토어에서 'Instasize' 검색 후 다운로드
기본 기능 무료, 일부 기능은 유료 결제 후 사용 가능

인스타사이즈(Instasize)는 인스타그램에 최적화된 형태로 이미지를 편집할 수 있도록 다양한 편집과 보정 기능을 지원해주는 애플리케이션입니다. 예를 들어 인스타그램에 파노라마 형태의 긴 사진을 업로드할 경우, 사진이 모두 담기지 않으며 좌우의 일정 부분이 잘려서 올라가게 됩니다. 이럴 때 인스타사이즈를 사용하면 가로가 긴 형태의 사진을 1:1 비율의 이미지로 수정하여 업로드할 수 있습니다. 수정 방법이 간단하고 다양한 필터 효과도 제공하기 때문에 인스타그램 계정 운영자들에게는 필수 앱으로 사용되고 있습니다.

▲ 가로가 긴 형태의 이미지

가로로 긴 형태의 사진을 인스타그램에 그냥 올렸을 경우 사진의 좌우가 잘려서 업로드됩니
다. 인스타 사이즈를 사용하여 사진을 1:1로 편집한 후 인스타그램에 올렸을 경우 사진의 전체
가 담겨서 업로드되지만 상하의 공백이 피드에 보이게 됩니다.

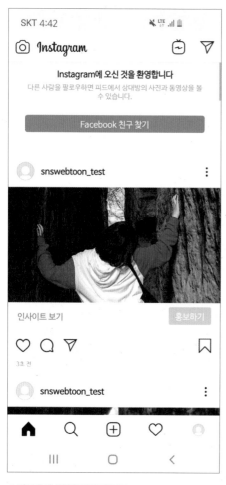

▲ 가로가 긴 사진을 업로드한 경우

▲ 인스타 사이즈로 편집한 후 업로드한 경우

❸ 인스타그램 링크 정리 서비스, 링크트리

인스타그램 프로필에는 단 하나의 링크만 올릴 수 있습니다. 간혹 유튜브, 페이스북, 블로그와 같은 다른 SNS로의 링크도 함께 걸고 싶을 때, 추천하고 싶은 서비스가 바로 '링크트리 (Linktree)'입니다. 링크트리는 하나의 통합 URL을 제공하며, 그 URL 페이지 안에 원하는 링크를 자유롭게 추가할 수 있도록 하는 추가/편집 기능을 지원하고 있습니다. 무료 서비스이지만 통계 보기와 이미지 추가하기 기능은 유료 버전에서만 사용할 수 있습니다.

https://linktr.ee
해당 링크로 접속 후, 회원 가입후 사용 가능

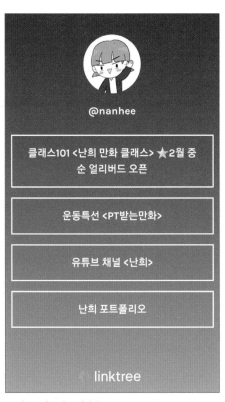

▲ 링크트리로 만든 페이지

▲ 링크트리의 링크 추가/편집 화면

2 인스타툰 작가들과 친해지자!

자신과 비슷한 스타일의 작가나 평소 좋아하는 작가들을 팔로우해보길 바랍니다. 무작정 부담스럽게 다가가서 억지로 친해지기보다, 댓글이나 좋아요를 통해 호감을 표현하고 자연스러운 소통의 기회를 만들어보는 것이 좋습니다. 그러다 보면 상호 팔로우를 하게 될 수도 있고, 친구로 인연이 맺어질 수도 있습니다. 저도 그렇게 만든 인스타툰 작가 친구들이 여러 명 존재하고, 늘 큰 힘이 되고 있습니다.

또한 인스타그램 계정이 상호 팔로우(맞팔로우)가 되면 서로의 구독자들의 추천 탭에 서로의 콘텐츠가 노출됩니다. 추천 탭은 연관성이 있는 작가를 팔로워들에게 추천해주는 알고리즘이 적용되어 있기 때문입니다.

인스타툰 작가들 간의 네트워킹 모임에 참여하는 것도 좋은 방법입니다. 서로의 고충을 나누고, 함께 해답을 찾아나가는 것입니다. 과한 친목 과시는 좋지 않지만, 서로에게 도움이 되며 선을 지키는 만남은 좋은 영향을 전해줄 것입니다.

3 오피셜 계정의 인스타 스토리는 필요한 경우에만 올리자!

SNS 웹툰 계정에서 일상 사진을 담은 인스타 스토리를 너무 자주 올리면 구독 취소율이 높아집니다. 작가의 일상을 궁금해하는 유저들도 분명히 있겠지만, TMI(Too Much Information)라고 생각하는 유저들이 훨씬 많기 때문입니다.

인스타 스토리는 인스타그램의 최상단에 뜨기 때문에 너무 자주 노출되면 유저들에게 피로감을 주곤 합니다. 작가의 일상 계정을 따로 만들어서 그 계정에 자신의 일상을 자주 올리는 것을 추천하며 오피셜 만화 계정에서의 잦은 '일상 사진' 스토리 업로드는 가급적 추천하지 않습니다.

4 테스트 계정을 사용하여 테스트 업로드를 꼭 해보자!

업로드를 미리 해볼 수 있는 테스트 계정을 만들어놓는 것이 좋습니다. 실수를 방지하고, 업로드 했을 때의 느낌을 미리 확인해보기 위함입니다.

인스타그램은 간혹 완성된 이미지에 폰트가 깨지는 현상이 나타납니다. 업로드 과정에서 이 미지의 품질이 저하되기 때문입니다. 주로 흰색 배경에 검정색 글자만 있을 때 또는 폰트의 굵기 가 얇을 때 폰트가 깨지는 현상이 자주 발생합니다. 이러한 문제들은 업로드한 후에 확인이 되기 때문에 업로드해보고, 이미지가 어떻게 변화되어 올라가는지 살펴보는 과정이 필요합니다. 공개 계정이 아닌, 꼭 비공개 계정으로 개설한 뒤 미리 업로드를 테스트해보길 바랍니다.

▲ 인스타그램의 글씨 깨짐 현상

"왜 나는 열심히 했는데도 좋아요가 100개도 안 찍히지..?" "내 만화는 저 사진 한 장보다 가치가 없는 걸까?"

팔로워의 수와 좋아요의 개수는 직접적으로 눈에 보이는 지표이기 때문에 신경이 쓰일 수밖에 없습니다. 고생해서 그린 만화보다 다른 유저가 올린 자극적인 사진 한 장의 좋아요 수가 훨씬 많을 때, 솔직히 비교도 되고 속상할 때도 많았습니다. 인스타그램 계정 운영 초기에 이런 고민을 하던 저에게 친구가 해준 이야기가 있습니다. 해외의 부자 인스타그래머들에 관한 이야기였는데 굉장히 인상적이었습니다.

'A씨가 외제차 2대를 뽑아서 인스타그램에 자랑을 했대. 근데 B가 자기 마당에 새로 산 전용기를 찍어서 올렸다는 거야. 그래서 A가 우울해했대. 신기하지 않아?'

이런 이야기를 듣고 나니 '인간의 욕심은 정말 끝이 없구나.'라는 생각이 들었습니다. 팔로워의 수도 초기에는 100명만 있으면 좋겠다!라고 생각을 하다가 100명을 달성하면 500명이 되었으면 좋겠다고 생각하게 되고, 500명을 달성하면 1,000명이 목표가 되는 것처럼 말입니다. 이미 인간은 이렇게 프로그래밍되어 있기 때문에, 이런 부분에 신경을 쓰지 않는다는 것 자체가 말이 안되는 일이기도 합니다.

저는 그 이후로 타 작가와 저를 비교하지 않겠다고 결심하였습니다. 오히려 비교의 대상은 과거의 제가 되었습니다. '아 예전에는 이 정도였지, 이만큼 증가했네? 대단해!', '이번엔 반응이 좋지 않았지만 사람들이 어떤 콘텐츠에 반응하는지 알게 된 것 같아.' 이런 식으로 과거의 결과와 비교하며 더욱 발전했는지, 부진했는지를 판단하고 분석하는 것입니다.

최근에는 팔로워를 구매할 수 있는 서비스까지 등장했습니다. 많은 기업이나 음식점, 카페들이 팔로워를 구매하고 있으나, 그렇게 구매한 팔로워는 금방 사라지기 마련입니다. 유령 계정은 자동으로 삭제되며 (인스타그램에서 주기적으로 업로드를 하지 않는 계정을 비활성화시킴) 팔로워 리스트를 보면 구매했다는 것이 티가 많이 나기 때문에 세일즈나 마케팅에 긍정적인 좋은 효과를 주지는 못합니다. 팔로워를 구매한 경우에는 계정 자체의 팔로워가 많지만, 게시글의 좋아요 수는 현저히 적게 나오기 때문에 더더욱 신빙성이 떨어지는 계정으로 보이게 됩니다.

오히려 고생해서 모은 팔로워 분들이 훨씬 더 오래 좋은 반응을 해주고, 실질적인 응원과 성원을 보내줍니다. 그렇기 때문에 팔로워 수가 많은 것을 목표로 하기 보다는 나의 '진짜 코어 팬'을 만드는 것에 최선을 다하는 것이 훨씬 더 중요합니다.

페이스북 페이지 관리하기

2015년 7월 28일 페이스북 페이지 '대학생만화(현재 : 난희 만화)'를 개설하고 운영하기까지 약 4년간의 경험을 바탕으로 한 페이스북 페이지 관리 꿀팁입니다. 페이스북 페이지의 구독자 수를 높이는 가장 기본적인 방법과 페이스북의 알고리즘에 대응하는 방법, 팔로워를 모을 수 있는 방법과 업로드 시간의 법칙, 텍스트 오버레이 도구 등을 소개합니다.

STEP 1

페이스북 페이지 관리 꿀팁

1 첫 구독자로는 실제 친구들을 유입하자!

페이스북 페이지 개설 초기에는 새로운 구독자를 모으는 것이 쉽지 않습니다. 페이스북 페이지를 새로 개설한다고 해서 타인의 타임라인에 추천이 되거나 소개되는 경우가 거의 없기 때문입니다.

이때, 제일 먼저 친한 친구들과 가족들에게 자신이 만든 페이스북 페이지를 소개하고 페이지의 좋아요를 누르도록 유도해보기 바랍니다. 친구들과 가족들이 게시글에 좋아요를 누르거나 친구를 태그하게 된다면, 그 친구의 친구들의 타임라인에 도달하기 때문에 새로운 구독자를 모으는 것에 큰 도움을 받을 수 있습니다.

하지만 페이스북 자체에 제공되고 있는 '친구에게 페이지 좋아요 요청' 기능은 추천하고 싶지 않습니다. 급작스러운 페이스북 페이지 초대 메시지는 오히려 상업적이고 부정적인 느낌을 주기 때문입니다. 마치 친하지 않은데 모바일 청첩장을 받는 듯한 느낌이랄까요.

▲ 페이스북 자체의 친구에게 좋아요 요청하기 기능

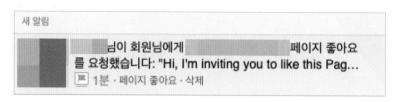

▲ 친구에게 오는 페이스북 페이지 초대 알림

개인 메시지로 "내가 페이스북 페이지를 만들었는데 아직 구독자가 많이 없어서..(+ 슬픈 이모티콘) 혹시 좋아요 눌러주지 않을래?"라고 물어보거나 친구들과의 모임이 있을 때 구독을 하도록 유도하는 것이 구독률이 훨씬 좋습니다. 제가 페이스북 페이지를 처음 만들었을 때, 대학교 동기들의 구독이 없었다면 지금의 구독자 수는 감히 예상할 수도 없었을 것입니다. 큰 부담을 갖지 마시고 지인부터 차근차근 유입해보길 바랍니다.

2 페이스북 페이지의 알고리즘과 트렌드를 분석하자!

페이스북 페이지의 알고리즘은 매년 변화합니다. 좋아요를 누르거나 댓글을 달기만 해도 타인의 타임라인에 "ㅇㅇ님이 좋아요를 누른 게시물입니다."라고 뜨던 초기 알고리즘 방식이 현재는 대폭 변경되어, 친구를 태그하거나 공유하지 않는 이상은 타임라인에 '페이스북 페이지 콘텐츠'가 잘 노출되지 않게 되었습니다. 사람들이 무분별한 콘텐츠 유입에 피로함을 느끼고, 광고 게시물과 싸움과 논쟁이 가득한 댓글 시스템에 지쳐 페이스북을 떠났기 때문입니다.

이러한 문제점을 개선하고자 페이스북은 2016년부터 '친구'로 등록되어 있는 유저들의 게시글을 우선으로 띄우는 알고리즘을 적용하였습니다. 페이스북의 원래 목표와 취지에 알맞게 친구나 지인(개인 계정)의 글을 많이 노출시키고, 광고성 내용이 많다고 판단이 된 페이스북 페이지의 노출도를 낮춘 것입니다.

▲ 2016년 마크 주커버그가 올린 친구와 지인들의 노출도를 높이겠다는 글

　페이스북 페이지를 2015년부터 운영해오며 매번 인사이트를 분석하던 저는 2018년부터 바닥을 친 도달률에 깜짝 놀라면서도, 2019년에는 거의 해탈의 경지에 올라 '새로운 SNS를 찾아야겠다.'라고 생각하게 되었습니다. 2015~2017년에는 게시물을 하나 올려도 좋아요 수가 1,000개는 기본으로 찍히던 때와는 다르게 현재는 300~500개의 좋아요만 눌려도 잘 나온 것으로 판단되고 있을 정도입니다.

　저의 페이스북 페이지를 기준으로 2016년 만화 게시글의 도달률이 100~500K였다면, 2019년 만화 게시글의 도달률은 26~27K로 기록되고 있습니다. 페이스북 페이지의 구독자 수는 시간이 지날수록 늘었지만 도달률이 급격하게 떨어졌으며, 20대 유저들의 자체 체류 시간도 감소되었습니다.

　저 뿐만 아닌, 페이스북 페이지를 몇 년간 관리하고 있는 지인들도 같은 현상을 발견했다고 말했습니다. 저의 감각이 떨어진다거나 트렌드에 뒤쳐져서인 부분도 당연히 있겠으나 트래픽으로 분석해보면 페이스북을 즐기던 20대 유저들이 인스타그램, 유튜브와 같은 서비스로 이동했기 때문에 이러한 결과가 초래된 것으로 보입니다.

2016, 2018, 2019년도의 페이스북 페이지 인사이트 자료

출처: 페이스북 페이지 – 난희 만화

2016-10-07 오후 12:00	중간고사를 이겨내는 방법 #현실주의	🗂	🌐	535.3K	67.1K 1.7K
2016-10-02 오후 4:32	코인노래방 가는 만화	🗂	🌐	268.7K	153.8K 5K
2016-09-29 오후 6:00	대학생만화님이 KT&G 상상univ님의 게시물을 공유했습니다.	🗂	🌐	23.3K	5.3K 410
2016-09-27 오후 2:08	둥칫둥칫 뿜빠라뿜빠🎺 너무 빨리와서 죄송합니다 구독자소녀님들 저는 지난 [엠티를	🗂	🌐	9.1K	820 55
2016-09-26 오후 12:01	대학생만화님이 맥스웰하우님의 게시물을 공유했습니다.	🗂	🌐	29.8K	16.1K 227
2016-09-25 오전 11:50	주말에 흔히 드는 생각.	🗂	🌐	101.3K	3.7K 4.3K

▲ 2016년 페이스북 페이지의 도달률

2018-04-11 오전 10:55	대학생의 점심시간 #먹방주의	🗂	🌐	153K	41.2K 12.8K
2018-04-08 오전 11:24	교수님 사사...살려주십시오..!!	🗂	🌐	222.3K	53.3K 25.1K
2018-04-07 오후 1:41	물건을 자주 잃어버리는 만화	🗂	🌐	32K	12.4K 322
2018-04-02 오전 10:45	컴퓨터 전공생이 힘든 이유.jpg 대부분의 과목에 팀플이 있어 고통과 괴로움의 눈물이..	🗂	🌐	64.5K	10.4K 2.2K

▲ 2018년의 페이스북 페이지 도달률

게시됨	게시물	유형	타게팅	도달 범위	참여도
2019-09-19 오전 10:06	위험한 물건이 생긴 만화 🗡 #배고픔주의	🗂	🌐	26.3K	10.3K 272
2019-09-14 오후 6:14	20대 자랑 배틀.real	🗂	🌐	27.3K	7.7K 127
2019-09-10 오전 11:07	<PT 받는 만화 - 10화> 행복한 추석선물	🗂	🌐	21.7K	7.9K 261
2019-09-05 오후 12:41	아싸가 되는 과정.real	🗂	🌐	38.3K	5.6K 375
2019-09-04 오전 10:30	<PT 받는 만화 - 9화> 격한 운동과 표정 변화	🗂	🌐	27K	8.6K 272

▲ 2019년의 페이스북 페이지 도달률

팬을 만들고 참여도를 올리자

결론적으로 떨어진 도달률을 높이는 방법은 유저들의 참여도를 올리는 것말고는 큰 방법이 없었습니다. 일반 구독자가 아닌, 나의 팬을 만들어야 하는 것입니다. 또한 게시글의 인기 척도가 되는 좋아요 수를 높이는 것보다도 친구들을 태그하는 @태그 댓글의 비율을 높이는 것에 중점을 두는 것이 더욱 효과적인 반응을 이루어낼 수 있었습니다.

친구와 함께 있었던 이야기를 그리거나 언니와 함께 있었던 이야기를 그릴 때 @태그 댓글이 굉장히 많았고 그만큼 도달률이 높아지는 것을 확인할 수 있었습니다. 하지만 이런 부분에 치중을 하다 보면 나의 진짜 이야기를 하는 것이 어려워질 수 있다는 점이 가장 큰 단점이라고 할 수 있습니다. 지금 시점에서 페이스북 페이지 콘텐츠의 도달률을 높이는 방법은 친구나 지인을 태그할 수 있는 공감성 콘텐츠를 올리는 것과 광고 노출(결제)을 통한 방법이 가장 효과적이라 할 수 있겠습니다. 공감성 콘텐츠의 핫한 주제는 연애/친구/대학생활/가족 이야기 등이 있으며, 현재 트렌드가 되고 있는 문화나 이슈를 다루는 것도 사람들에게 많은 관심을 끌 수 있습니다.

3 황금 업로드 시간을 분석하자!

페이스북에 대해 아무것도 모르는 시절, 저는 만화가 완성되는 새벽이나 오후 시간대에 게시글 업로드를 하곤 했습니다. 반응은 당연히 좋지 않았습니다. 2015~2018년에 대학생만화 페이지를 운영하며 '어떤 시간에 올려야 가장 많은 사람들이 보고 좋은 반응을 해줄까?'라는 고민을 늘 했었는데, 어느 날 제가 학교를 가는 시간에 올렸던 만화가 좋아요 1만 개 이상을 기록한 것을 보고나서야 업로드 시간의 비밀을 깨닫게 되었습니다.

'아! 보는 사람들도 대학생이니까, 페이스북을 많이 보는 아침 등교 시간에 올리는게 좋겠다!'라고 판단하게 된 것입니다. 그래서 저는 오전 10시 39분을 '대학생만화' 페이지의 황금 시간으로 규정하였고, 10시 39분에 올린 대학 생활 관련 만화들은 항상 좋은 반응을 얻었습니다. 학교에 가는 학생들이 지하철과 버스 안에서 페이스북을 보고 좋아요를 눌렀고, 그 좋아요와 댓글들이 쌓여 사람들이 가장 많이 페이스북에 방문하는 점심시간 12시에 맞추어 최고 도달점에 이르게 되는 안

정적인 시나리오인 것입니다. 그리고 금요일 오후, 주말 오후는 평일보다 유저들의 페이스북 체류 시간이 높습니다. 집에서 안정적인 와이파이를 사용하며 웹서핑과 SNS 서치를 가장 많이 하는 시간이기 때문입니다.

나만의 황금 시간대를 찾는 가장 좋은 방법은 인사이트를 보는 것입니다. 페이스북 페이지의 [인사이트] 탭에 접속하면 페이지 구독자들의 접속 시간을 볼 수 있습니다. 이러한 데이터 지표를 통해 업로드 시간을 설정하는 것을 추천합니다.

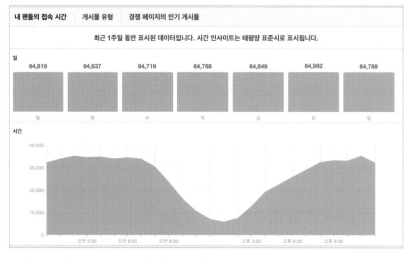

▲ 페이스북 페이지의 인사이트 – 내 팬들의 접속시간 탭

또한 나와 같은 콘텐츠와 타깃을 지닌 페이스북 페이지의 업로드 시간을 보고 분석하는 것도 좋은 방법입니다. 특히 기업에서 운영하는 페이스북 페이지를 참고하는 것이 큰 도움이 됩니다. 기업들은 대부분 유능한 광고 대행사나 인하우스 광고 대행사에 SNS를 맡기고 체계적으로 운영시키기 때문입니다. 업계 종사자들이 직접 연구하여 트렌디한 콘텐츠를 만들고 최상의 콘텐츠 업로드 시간을 정하여 올리는 것이기 때문에, 업로드 스타일과 업로드 시간 및 횟수를 꾸준히 지켜보고 나의 페이지에 알맞게 적용해 보면 좋은 결과를 유도해낼 수 있습니다.

 2020년 기준으로 20대 미디어/뉴스 기업에서 가장 많이 사용되고 있는 업로드 황금 시간대는 오후 점심시간과 퇴근 시간인 12시, 오후 6시입니다.

무슨 일이 있어도 함께 기뻐해주고, 함께 소통해주고, 함께 슬퍼해주는 진짜 내 편은 반드시 필요합니다. 팬보다도 편을 만든다고 생각하고 구독자님들과 꾸준히 소통해보세요. 그림으로 하는 인스타 라이브, 혹은 댓글을 통한 소통, 그림이나 굿즈 관련 이벤트를 한 번씩 열어보는 것입니다. 인터넷에서 만난다고 해서 모든 사람들을 스치는 인연이라고 생각하면 안 됩니다. 스쳐가는 사람들도 나의 편으로 만드는 것이 정말 중요합니다.

콘텐츠 크리에이터들은 콘텐츠를 만들어내는 것이 1차적으로 중요하지만, 나의 콘텐츠를 사랑해주고 아껴주는 사람들을 만드는 것도 굉장히 중요합니다. 그리고 꼭 잊어서는 안 될, 콘텐츠 크리에이터가 꼭 가져야 하는 덕목 몇 가지를 적어보았습니다.

콘텐츠 크리에이터가 생각해야 할 덕목

- 양질의 콘텐츠를 꾸준히 만들 것
- 배울 점이 있는 사람이 될 것
- 실수를 하지 않을 것
- 성장하는 모습을 보이되 겸손할 것
- 소통할 것
- 무조건 실력으로 증명할 것
- 나를 사랑해주는 사람들을 잊지 말 것

▲ 페이스북 페이지의 테스트 페이지

테스트 페이지는 반드시 있어야 합니다. 게시글을 업로드하여 문제가 없는지 확인해보고 어떤 멘트와 해시태그가 어울릴지 수정해보는 작업이 필요하기 때문입니다. 현재 운영하고 있는 페이스북 페이지 외에 '비공개 형태'로 테스트 페이지를 만들어보시길 바랍니다. 페이스북의 경우 UI/UX가 소리 소문 없이 바뀌는 일이 굉장히 많고, 생각하지 못했던 콘텐츠 자체의 오류도 확인하게 될 수 있기 때문에, 미리 테스팅을 해보아야 빠른 대처가 가능합니다. 한 번 업로드한 콘텐츠의 내용을 수정하면 도달률이 떨어지기 때문에, 미리 오류를 확인하고 검수해보는 것을 추천합니다.

▲ 페이스북 텍스트 오버레이 도구(https://www.facebook.com/ads/tools/text_overlay)

페이스북 텍스트 오버레이 도구는 페이스북 페이지에 업로드 되는 '광고 결제 예정의 브랜드 웹툰'을 제작할 때 꼭 사용해보아야 하는 도구입니다. 페이스북은 이미지 내부에 문자가 많으면 부정적인 광고로 인식합니다. 그리고 콘텐츠의 광고 도달률을 낮춰버립니다. 그렇기 때문에 그림 속에 문자를 최대한 적게 사용하거나 작은 크기로 넣어주어야 합니다.

적절한 문자 비율로 구성되었는지, 문제가 되는지 확인하기 위해서는 페이스북에서 제공하는 '텍스트 오버레이 도구' 페이지에 접속하여 이미지를 업로드해보고, 이미지 텍스트 평가를 통해 패널티를 확인해보면 됩니다. [패널티 없음]이 가장 좋은 결과이기에, [패널티 없음]이 나올 때까지 텍스트의 크기를 줄이면 됩니다.

이미지 텍스트 확인 도구

이미지를 업로드하여 광고 이미지에서 텍스트가 차지하는 비율을 확인하세요. 이미지 내 텍스트 비율이 너무 높으면 광고가 전체 타겟에 도달하지 못할 수 있습니다.

광고하는 제품 유형에 따라 일부 예외가 적용되기도 합니다. 고객 센터☞를 방문하여 예외가 적용되는 대상과 텍스트가 포함된 이미지의 예, 추가 도움말을 확인하세요.

[업로드] **이미지를 업로드하면 하단에 결과가 노출됨**

⚠ **이미지 텍스트: 패널티 높음**
광고가 게재되지 않을 수 있습니다.

광고 이미지에 텍스트가 너무 많이 포함되어 타겟에 도달하지 못할 수 있습니다. Facebook에서는 텍스트 비율이 낮거나 포함되지 않은 이미지를 선호합니다. 예외적인 승인 대상이 아닌 경우 주문 전에 이미지를 변경하세요.

이미지 텍스트 평가

✓ **이미지 텍스트: 패널티 없음**
광고가 정상적으로 게재됩니다.

⚠ **이미지 텍스트: 패널티 낮음**
광고 도달 범위가 약간 낮아질 수 있습니다.

⚠ **이미지 텍스트: 패널티 중간**
광고 도달 범위가 상당히 낮아질 수 있습니다.

⚠ **이미지 텍스트: 패널티 높음**
광고가 게재되지 않을 수 있습니다.

자주 묻는 질문

이미지에 텍스트가 너무 많다는 메시지의 의미는?
광고 이미지의 텍스트에는 사진 또는 그림 위에 배치된 텍스트, 로고에 포함된 텍스트, 광고 이미지의 워터마크가 포함됩니다. 또한 홍보된 페이지의 커버 사진이나 프로필 사진으로 사용된 이미지뿐만 아니라 동영상의 썸네일 이미지에 있는 텍스트도 여기에 포함됩니다.

권장되는 광고 이미지 내 텍스트 비율은?
Facebook은 텍스트 비율이 낮거나 포함되지 않은 광고 이미지를 선호합니다. 텍스트가 너무 많이 포함된 이미지는 사람들의 Facebook 사용 환경을 저해할 수 있기 때문입니다.

텍스트를 줄이려면 어떻게 해야 하나요?
텍스트 대부분은 광고 이미지가 아니라 광고 문구 부분에 배치하세요. 텍스트 사용이 불가피하다면 폰트 크기와 단어 수를 줄여서 텍스트 비율을 낮출 수 있습니다. 이미지의 텍스트 비율을 줄인 후 이 도구를 사용하여 다시 확인해보세요.

▲ 패널티 높음으로 나온 이미지

이미지 텍스트 확인 도구

이미지를 업로드하여 광고 이미지에서 텍스트가 차지하는 비율을 확인하세요. 이미지 내 텍스트 비율이 너무 높으면 광고가 전체 타겟에 도달하지 못할 수 있습니다.

광고하는 제품 유형에 따라 일부 예외가 적용되기도 합니다. 고객 센터☞를 방문하여 예외가 적용되는 대상과 텍스트가 포함된 이미지의 예, 추가 도움말을 확인하세요.

[업로드]

✓ **이미지 텍스트: 패널티 없음**
광고가 정상적으로 게재됩니다.

이미지 텍스트 평가

✓ **이미지 텍스트: 패널티 없음**
광고가 정상적으로 게재됩니다.

⚠ **이미지 텍스트: 패널티 낮음**
광고 도달 범위가 약간 낮아질 수 있습니다.

⚠ **이미지 텍스트: 패널티 중간**
광고 도달 범위가 상당히 낮아질 수 있습니다.

⚠ **이미지 텍스트: 패널티 높음**
광고가 게재되지 않을 수 있습니다.

자주 묻는 질문

이미지에 텍스트가 너무 많다는 메시지의 의미는?
광고 이미지의 텍스트에는 사진 또는 그림 위에 배치된 텍스트, 로고에 포함된 텍스트, 광고 이미지의 워터마크가 포함됩니다. 또한 홍보된 페이지의 커버 사진이나 프로필 사진으로 사용된 이미지뿐만 아니라 동영상의 썸네일 이미지에 있는 텍스트도 여기에 포함됩니다.

권장되는 광고 이미지 내 텍스트 비율은?
Facebook은 텍스트 비율이 낮거나 포함되지 않은 광고 이미지를 선호합니다. 텍스트가 너무 많이 포함된 이미지는 사람들의 Facebook 사용 환경을 저해할 수 있기 때문입니다.

텍스트를 줄이려면 어떻게 해야 하나요?
텍스트 대부분은 광고 이미지가 아니라 광고 문구 부분에 배치하세요. 텍스트 사용이 불가피하다면 폰트 크기와 단어 수를 줄여서 텍스트 비율을 낮출 수 있습니다. 이미지의 텍스트 비율을 줄인 후 이 도구를 사용하여 다시 확인해보세요.

▲ 패널티 없음이 나온 이미지

메디방페인트
for iPad
핵심 기능
파악하기

아이패드에서 메디방페인트 사용하기

1 메디방페인트 for iPad 알아보기

메디방페인트 for iPad란 메디방페인트의 iPad 버전으로 애플 앱스토어에서 무료로 다운로드할 수 있습니다. PC 버전 메디방페인트의 기능이 대부분 재현되어 있어 아이패드만 있다면 어디서든 편리하게 만화나 일러스트 작업을 진행할 수 있습니다.

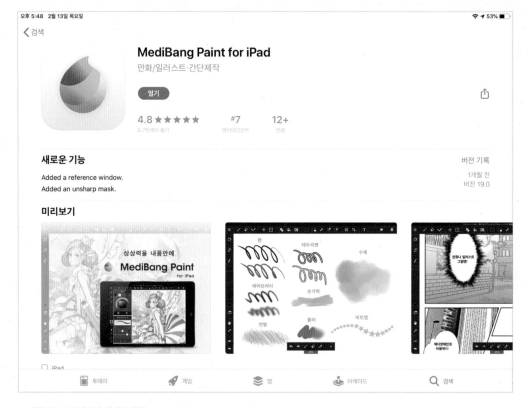

▲ 애플 앱스토어에서의 메디방페인트

메디방페인트 for iPad에서도 메디방페인트의 최고 장점인 메디방페인트 클라우드를 사용할 수 있습니다. PC에서 작업한 파일을 아이패드에서 불러오거나 아이패드에서 작업한 파일을 PC에서 불러올 수 있습니다. 많은 웹툰 작가들이 이러한 클라우드 기능을 활용하고 있습니다. 카페에서 간단하게 아이패드를 사용하여 러프스케치 작업을 한 뒤 클라우드에 저장하고 PC에서 불러와 외곽선과 채색 작업을 진행하기도 합니다.

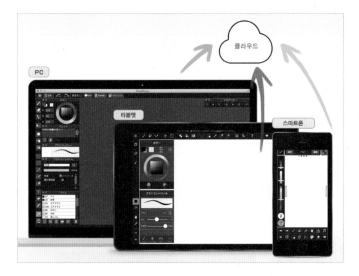

◀ 클라우드에 데이터를 저장하면 어떤 디바이스에서도 작업이 가능함

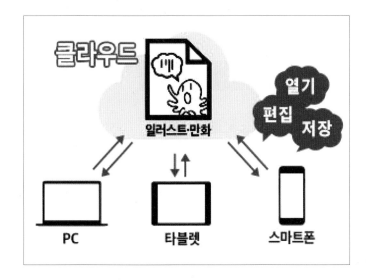

◀ 메디방페인트 클라우드

[상단의 가로 메뉴 바]

① 메뉴 ≡

메디방페인트에서 사용되는 설정과 저장과 관련한 기능들이 모여있는 메뉴입니다.

② 브러시 툴

다양한 브러시를 통해 캔버스에 그림을 그릴 수 있는 툴입니다.

③ 지우개 툴

캔버스에 그린 내용을 지우는 툴입니다.

④ 도형 그리기 툴

선택 중인 브러시를 이용하여 다각형을 그리는 툴입니다.

⑤ 점 툴

점 브러시를 통해 캔버스에 그림을 그릴 수 있는 툴입니다.

⑥ 이동 툴

선택중인 레이어의 그림을 이동시키는 툴입니다.

⑦ 변형 기능

레이어 안 그림을 변형시키는 기능입니다. 확대축소/자유변형/메쉬변형 중 선택이 가능합니다.

⑧ **채우기 툴**

지정한 색으로 채워진 사각형을 그리는 툴입니다.

⑨ **버킷 툴**

선으로 둘러싸인 곳을 한 번에 채우는 툴입니다. [캔버스] 또는 [레이어] 둘 중 하나를 대상으로 선택하여 채색할 수 있습니다.

⑩ **그라데이션 툴**

그라데이션을 만드는 툴입니다.

⑪ **선택 툴**

선택 범위를 지정하여 선택 영역으로 만드는 툴입니다.

⑫ **자동선택 툴**

비슷한 색상 영역을 선택 영역으로 만들어주는 툴입니다.

⑬ **선택펜 툴**

브러시 툴을 사용하여 선택 범위를 만드는 툴입니다.

⑭ **선택 지우개 툴**

선택펜 툴로 작성된 선택 범위를 지우는 툴입니다.

⑮ **칸 나누기 툴**

캔버스 안에 만화용 칸을 작성하는 툴입니다. 칸의 끝에서 끝까지 스와이프하면 칸을 나눌 수 있습니다.

⑯ **조작 툴**

칸 나누기 툴로 작성한 칸과 소재(아이템)를 조작하는 툴입니다.

⑰ **텍스트 툴**

캔버스 안에 텍스트 문자를 넣는 툴입니다. 텍스트 입력 후에 폰트의 변경이나 굵기, 기울기, 세로쓰기의 설정이 가능합니다.

[왼쪽의 세로 메뉴 바]

⑱ **설정 탭**

잘라내기 / 복사 / 붙여넣기 / 캔버스 회전 / 캔버스 반전 / 화면 해상도 / 캔버스 사이즈 / 배경색 설정 / 만화원고 가이드 설정 / 그리드 표시 설정 / 트리밍 등의 기능들이 모두 모여 있는 탭입니다.

⑲ **선택 기능 탭**

전부 선택 / 선택 해제 / 선택 반전 / 그림 부분의 선택(휘도,불투명도) / 확장 / 수축 / 선택 경계 그리기 등의 기능이 모여 있는 탭입니다.

⑳ **캔버스 회전 탭**

캔버스를 좌 / 우 / 좌우반전 / 원래대로로 설정할 수 있는 회전 탭입니다.

㉑ **가이드 스냅 탭**

오프(해제) / 평행 / 십자 / 소실점 / 집중선 / 동심원 / 곡선 / 타원 / 그 외 등의 가이드 스냅 설정들이 모여있는 탭입니다.

㉒ **필압감지 설정 탭**

필압감지, 팜 리젝션 등의 필압 관련 설정을 할 수 있는 탭입니다.

㉓ **색 탭**

색상을 설정할 수 있는 탭입니다.

㉔ **상세 설정 탭**

선택된 툴에 따른 상세 설정 메뉴가 표시되는 탭입니다.

㉕ **색상, 굵기, 불투명도 조절 탭**

바를 사용하여 색상, 굵기, 불투명도를 조절할 수 있는 얇은 탭입니다.

㉖ **손바닥 툴**

캔버스를 잡고 이동시키는 툴입니다.

㉗ **스포이드 툴**

탭한 위치의 색상을 선택하는 툴입니다.

㉘ **앞으로 기능**

작업 내용의 앞의 내용으로 돌아가는 기능입니다(Ctrl + Shift
+ Z).

㉙ **뒤로 기능**

작업 내용의 뒤의 내용으로 돌아가는 기능입니다(Ctrl + Z) .

[오른쪽 메뉴 바]

㉚ **소재 탭**

다양한 소재 소스(타일, 톤, 아이템)를 추가하여 사용할 수 있는
탭입니다.

㉛ **레이어 탭**

레이어를 관리하는 탭입니다.

[하단의 메뉴 바]

㉜ **주요 단축키 모음 바**

펜 ↔ 지우개 전환 / 스포이드 / 저장 / 복사 / 잘라내기 / 붙여넣
기 / 변형 / 레이어 클리어 등의 주요 단축키들이 모여있는 메
뉴바입니다

SNS 웹툰 제작을 위한
메디방페인트 for iPad 기능 알아보기

메디방페인트 for iPad 앱에서 꼭 알아두어야 하는 핵심 기능들을 담아보았습니다. 이미지 파일을 불러오거나 작업 중 앨범에 저장되어 있는 이미지를 레이어로 추가하는 방법, 메디방페인트 클라우드에 작업 파일을 업로드하는 방법, 작업 파일을 불러오는 방법 총 4가지에 관한 설명이 준비되어 있습니다.

1 메디방페인트 for iPad에서 이미지 파일 불러오기

메디방페인트 for iPad의 앨범에 저장되어 있는 이미지 파일을 불러오는 방법을 알아보겠습니다.

1 메디방페인트 for iPad 앱을 열어줍니다.

2 [새로운 캔버스] − [이미지 선택 후 임포트]를 클릭합니다.

3 왼쪽 메뉴 바에 아이패드 앨범이 열립니다. 여기서 불러올 사진이 담긴 앨범을 선택합니다. 저는 [최근 항목]을 열도록 하겠습니다.

4 [최근 항목]에 있는 이미지 파일을 하나 자유롭게 선택합니다. 저는 만화칸.png 파일을 불러오도록 하겠습니다. 앨범 위에서 4번째에 있는 만화칸.png 이미지 파일을 터치해 파일을 선택합니다.

불러오기: 예제 및 완성 파일/부록/만화칸.png

5 만화칸.png 파일이 열리기 전 화면이 어두워지며 '추가한 이미지를 바탕으로 선화추출 할까요?' 라고 묻는 알림창이 나타납니다. 여기서는 [선화추출 안함]을 선택해주면 됩니다.

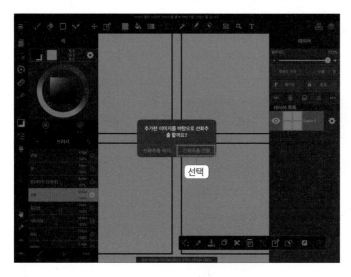

 선화 추출은 자동으로 외곽선을 추출해주는 기능입니다.

6 만화칸.png 이미지 파일이 캔버스에 열린 화면입니다.

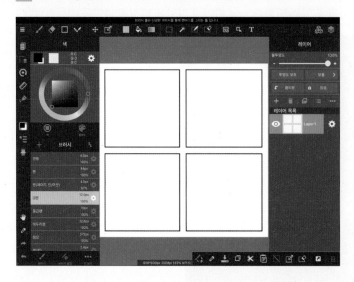

2 이미지 파일을 레이어 형태로 불러오기

1 만화칸.png 이미지 파일이 캔버스로 열려있는 화면입니다. 작업을 진행 중인 캔버스에 레이어의 형태로 이미지 파일을 불러오는 방법입니다. 오른쪽 메뉴 바에서 [레이어 추가] 버튼을 선택합니다.

● 불러오기: 예제 및 완성 파일/부록/만화칸.png

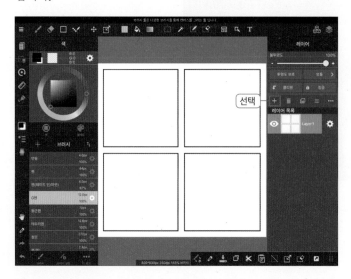

2 레이어를 추가하는 메뉴가 나타나면 [이미지 선택후 추가]를 선택합니다.

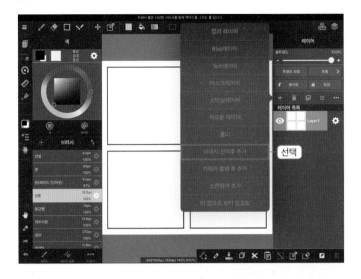

3 오른쪽 메뉴에 아이패드 앨범이 열립니다. 레이어로 불러올 사진이 담긴 앨범을 선택합니다. 저는 [최근 항목]을 열도록 하겠습니다.

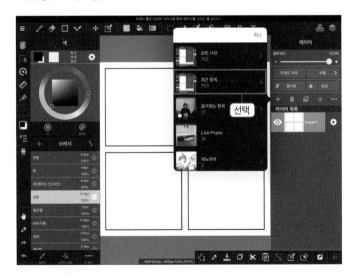

4 [최근 항목]에 있는 이미지 파일을 하나 자유롭게 선택합니다. 저는 7번째에 있는 '난희 얼굴.png' 파일을 선택하겠습니다.

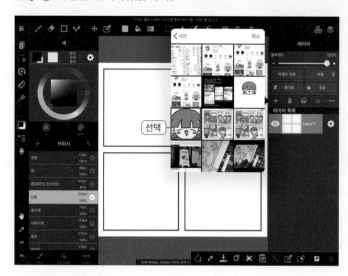

● 불러오기: 예제 및 완성 파일/부록/난희 얼굴.png

5 이미지가 추가되기 전 회전 각도와 배율을 설정하는 창이 열립니다. 조정 없이 그대로 추가하고 싶은 경우에는 오른쪽 상단에 [완료] 버튼을 클릭합니다.

6 배율을 조정하고 싶은 경우 하단의 [배율]의 게이지 바를 좌우로 드래그하여 조정해주면 됩니다. 저는 배율을 '46%'로 줄인 후 [완료] 버튼을 클릭했습니다.

7 '난희 얼굴.png' 파일이 열리기 전 화면이 어두워지며 '추가한 이미지를 바탕으로 선화추출 할까요?'라고 묻는 알림창이 나타납니다. 여기서는 [선화추출 안 함]을 선택합니다.

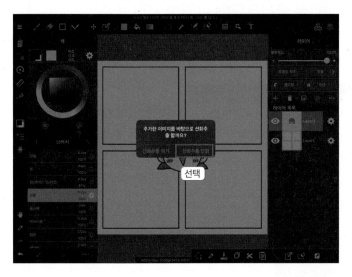

8 '난희 얼굴.png' 파일이 [Layer2]라는 이름의 레이어로 추가되었습니다. 을 클릭한 후 이미지를 원하는 위치에 배치하면 이미지 추가하기 과정이 완료됩니다.

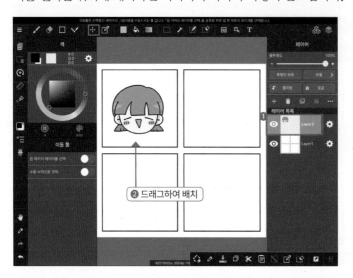

3 아이패드에서 메디방페인트 클라우드에 파일을 저장하기

1 아이패드의 메디방페인트 앱에서 그림 작업을 완료한 후 [메뉴]-[새로저장]을 클릭합니다.

2 클라우드에 저장하기 위해 [클라우드로 새로저장]을 클릭합니다.

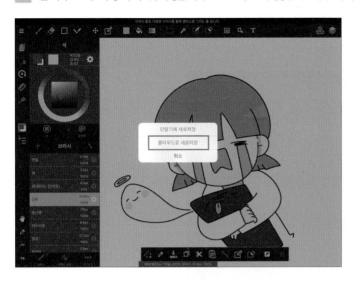

클라우드에 저장하기 위해서는 메디방페인트의 회원가입과 로그인이 필요합니다.
무료이며 절차가 간단하니 가입을 꼭 하기 바랍니다.

3 나타난 [클라우드 새로저장] 창에서 타이틀을 '아이패드'라고 입력한 후 [완료] 버튼을 클릭합니다.

4 PC에서 메디방페인트를 실행시킨 후 [파일]-[클라우드에서 열기]를 클릭합니다. 아이패드에서 클라우드에 업로드한 '아이패드'라는 제목의 그림 파일을 확인할 수 있습니다. 해당 파일을 클릭하면 파일이 열립니다.

5 아이패드에서 그린 그림을 메디방페인트 클라우드를 통해 PC에서 열어보았습니다. 이러한 방법으로 PC와 아이패드에서의 작업 파일 이동을 쉽고 편리하게 할 수 있습니다.

메디방페인트 클라우드에 저장된 파일 아이패드에서 열기

1 메디방페인트 for iPad 앱을 실행한 후 왼쪽의 [그려보자] 메뉴 아래에 있는 [마이 갤러리]를 클릭합니다.

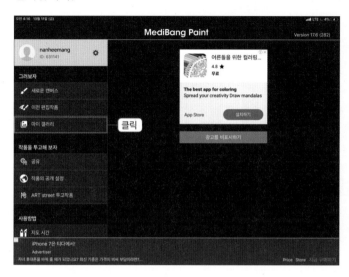

2 두 번째 탭인 구름 모양의 [일러스트] 탭을 클릭한 후 PC에서 업로드한 파일을 불러오겠습니다. 'UNTITLED'라는 제목의 파일을 불러옵니다.

3 PC에서 메디방페인트 클라우드에 업로드했던 그림이 아이패드에서도 열린 모습입니다.

Tip 메디방페인트 for iPad의 자세한 사용법을 동영상 강의로 확인해보고 싶다면?

온라인 취미 교육 플랫폼 클래스101에서 난희 작가의 메디방페인트 for iPad의 동영상 강의를 확인할 수 있습니다. 클래스101 홈페이지 접속 후, '만화로 수익 창출까지! 아이패드로 SNS웹툰 그려보기' 클래스를 검색해보세요.

◀ 클래스101 홈페이지
https://class101.net/

검색어 : 난희 or SNS웹툰